ÉDUCATION MORALE ET CIVIQUE

BIBLIOTHÈQUE DE LA JEUNESSE FRANÇAISE

PREMIÈRE SÉRIE

EN VENTE A LA MÊME LIBRAIRIE

Dans la même collection

PREMIÈRE SÉRIE

Jeanne Darc, par Henri Martin, sénateur, membre de l'Académie Française;

La République des États-Unis, par H. Maze, de l'École Normale supérieure, député de Seine-et-Oise, ancien préfet;

Les Généraux de la République, Kléber, par le même;

Colbert, par Augustin Challamel, auteur des *Mémoires du peuple français*;

Carnot, par H. Depasse, publiciste;

Les Petits Maraudeurs, par Aubin, ancien professeur de l'Université;

Devoirs et droits de l'Homme, par H. Marion, professeur de philosophie au Lycée Henri IV, membre du conseil supérieur de l'instruction publique;

Histoire de la Littérature Française, des origines au XVIIe siècle par de Parnajon, professeur au Lycée Henri IV;

Histoire de la Littérature au XVIIe siècle, par le même.

Le Remplaçant, nouvelle, par Henri Druon;

Les Colonies Françaises, par E. Guillon professeur d'histoire au Lycée de Versailles;

Le Chancelier de L'Hospital, par Anquez, inspecteur de l'Académie de Paris;

L'Algérie, par H. Lemonnier, professeur d'histoire au Lycée Louis-le-Grand.

Histoire de la Formation de nos Frontières, par A. Gazeau, professeur d'histoire au Lycée Fontane.

Le petit Victor, par F. Dionys.

Petite histoire de la Révolution, par E. Guillon, professeur d'histoire au lycée de Versailles.

Henri Grégoire évêque républicain, par H. Carnot, sénateur.

Hier et Aujourd'hui, les Habitants des campagnes, par Eugène Bonnemère.

Le Pigeon voyageur, par E. Aubin.

Etienne Marcel, par Mme Garcin.

Saint-Amand (Cher). — Imprimerie Destenay.

HENRI GRÉGOIRE

ÉVÊQUE RÉPUBLICAIN

HENRI GRÉGOIRE

ÉVÊQUE RÉPUBLICAIN

PAR

H. CARNOT

SÉNATEUR

Membre de l'Institut

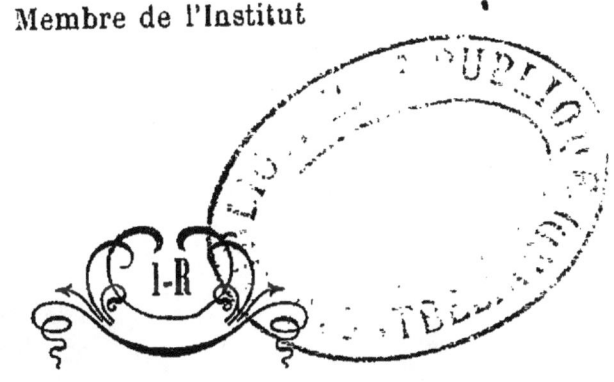

PARIS
LIBRAIRIE CENTRALE DES PUBLICATIONS POPULAIRES
H.-E. MARTIN, DIRECTEUR
45, RUE DES SAINTS-PÈRES, 45
1882

TOUS DROITS RÉSERVÉS.

Grégoire

HENRI GRÉGOIRE

ÉVÊQUE RÉPUBLICAIN

I

GRÉGOIRE AVANT LA RÉVOLUTION

Au temps où le clergé catholique, habile à justifier son influence par une supériorité réelle, s'appliquait à distinguer dans ses rangs les hommes d'élite pour les placer à sa tête, quelle que fût l'obscurité de leur origine, Grégoire, né de parents pauvres, dans un petit village de la Lorraine [1], aurait sans doute, par ses talents et ses vertus, obtenu la crosse de l'épiscopat ou la pourpre romaine ; mais depuis longtemps l'Église, abjurant son beau rôle de médiatrice entre le peuple et ses maîtres, avait identifié la

[1] A Vého, près de Lunéville, le 4 décembre.

cause de l'autel avec celle du trône, et se séparant du peuple, d'où ses premiers apôtres étaient glorieusement sortis, n'allait guère demander ses hauts dignitaires qu'aux familles seigneuriales, pour les envoyer faire un service de courtisans auprès des rois.

Sans la Révolution, Grégoire serait donc probablement resté ignoré dans sa modeste cure d'Embermesnil ; heureux encore si ses opinions indépendantes et la fierté de son caractère ne lui eussent pas attiré l'improbation de ses supérieurs.

Il raconte lui-même, assez plaisamment, que lorsqu'il eut atteint ce degré d'élévation et de notoriété où l'on trouve tant d'amis, quelquefois aussi des parentés ignorées jusque-là, les *Gregorio* d'Italie, les *Gregorios* d'Espagne, les *Gregorius* d'Allemagne, les *Gregory* d'Angleterre, et surtout les *Grégoire* de France, jaloux de se greffer sur un tronc nouveau, lui adressèrent d'innombrables épîtres. « Quant à moi, ajoute-t-il, dont la roture remonte probablement jusqu'à Adam, né plébéien comme Chevert, André del Sarto, Thomas Holiday, Lambert de Mulhouse, Dorfling, etc., persuadé,

comme le dit un poète, que chacun est le fils de ses œuvres, je ne veux jamais séparer mes affections ni mes intérêts de ceux du peuple. »
— « Je remercie le ciel de m'avoir donné des parents qui, n'ayant guère d'autre richesse que la piété et la vertu, se sont appliqués à me transmettre cet héritage. »

L'abbé Grégoire avait fait ses études chez les Jésuites de Nancy. « Je conserverai jusqu'au tombeau un respectueux attachement envers mes professeurs, écrit-il dans ses *Mémoires*, quoique je n'aime point l'esprit de la défunte société, dont la renaissance présagerait peut-être à l'Europe de nouveaux malheurs. »

Il parle ensuite de son goût pour la lecture des ouvrages favorables à la liberté. Les événements politiques ne firent, en effet, que développer chez lui des pensées dont ses premiers travaux offrent le germe.

Parmi ces travaux, nous citerons pour mémoire l'*Eloge de la Poésie*, couronné en 1773 par l'Académie de Nancy, quoique cette production ne manque pas d'un certain mérite littéraire. L'auteur était alors professeur au collége de Pont-à-Mousson. Il cultivait lui-même la poésie, et avait composé quelques essais, qui furent détruits dans la suite. C'était sans doute leur rendre justice, car Grégoire, avec une imagination vive et féconde, possédait peu le sens des arts, pour lesquels il exprime souvent un assez grand dédain.

Mais nous devons nous arrêter quelques instants devant son *Essai sur la régénération physique et morale des Juifs*, qui obtint également la palme académique à Metz en 1788.

« Cette académie, dit un biographe (M. Depping), ne se doutait guère que le curé de village dont elle récompensait les vues philanthropiques sur le sort des Juifs, contribuerait un an plus tard à changer celui de la France elle-même, et à jeter dans le monde les germes d'une immense réforme pour tous les peuples. »

Dans cet ouvrage, le mieux écrit peut-être qui soit sorti de sa plume, Grégoire trace un tableau des persécutions subies par la race juive, des humiliations auxquelles elle fut condamnée ; et il attribue à ces causes les vices qu'on lui reproche.

« Quand même tous les crimes imputés aux Juifs seraient vrais, s'écrie-t-il, les Juifs seraient moins coupables que les nations qui les ont forcés à le devenir. » Il combat l'opinion de Michaëlis, qui prétend que les institutions morales des Israélites s'opposent à toute réforme, et il demande que la loi civile devienne pour ces religionnaires la même que pour les chrétiens ; mais il admet aussi la nécessité de mesures destinées à contenir leur penchant au mercantilisme et à l'agiotage, fruit de la condition précaire dans laquelle ce peuple a vécu si longtemps, campé, pour ainsi dire, sur un sol étranger, où il n'osait se livrer aux travaux lents et paisibles de l'agriculture.

Ces restrictions temporaires, qu'il déclarait indispensables, répondent assez aux reproches souvent adressés à Grégoire, comme si, dominé par une impulsion purement révolutionnaire, et ne tenant compte d'aucune difficulté de position, il eût marché à l'aventure dans l'application de ses principes. Nous le verrons apporter la même prudence en émettant ses idées sur l'abolition de l'esclavage colonial.

Lorsque l'on sut, dans le monde philosophique, que ce livre de tolérance était l'œuvre d'un prêtre, il fut accueilli avec grande faveur. On le comprendra facilement en se reportant à cette époque, en songeant aux répugnances et aux préjugés dont l'auteur dût triompher en lui-même, et au courage qu'il fallait chez un ecclésiastique obscur pour faire une manifestation publique de pareils sentiments.

Grégoire terminait son ouvrage par cette chrétienne et libérale invocation :

« Un siècle nouveau va s'ouvrir ; que les palmes de l'humanité en ornent le frontispice, et que la postérité applaudisse d'avance à la réunion de vos cœurs. Les Juifs sont membres de cette famille universelle qui doit établir la fraternité entre tous les peuples ; et sur eux, comme sur vous, la révélation étend son voile majestueux. Enfants du même père, dérobez tout prétexte à l'aversion de vos frères, qui seront un jour réunis dans le même bercail ; ouvrez-leur des asiles où ils puissent tranquillement reposer leurs têtes et sécher leurs larmes ; et qu'enfin le juif, accordant au chrétien un retour de tendresse, embrasse en moi son concitoyen et son ami. »

Le jeune curé d'Embermesnil ne se bornait point à une philanthropie théorique. Sur l'étroit théâtre où son action directe était restreinte, il savait la rendre efficace. Non content d'enseigner par la parole les villageois de sa commune, il avait rassemblé au presbytère une collection de bons livres sur la morale et sur les arts utiles aux cultivateurs, et en avait formé une bibliothèque pour ses paroissiens.

« L'époque de ma vie la plus heureuse est celle où j'étais curé, écrit Grégoire, après avoir occupé de très-hautes positions dans l'Eglise et dans l'Etat ; un curé digne de ce nom est un ange de paix : à la fin de chaque jour il peut s'applaudir d'avoir fait une foule de bonnes actions. Je conserve la lettre touchante par laquelle les paroissiens d'Embermesnil m'expriment leurs regrets de me perdre par mon exaltation à l'épiscopat, et demandent que ma mère reste au milieu d'eux, afin que dans ses traits ils retrouvent l'image de son fils. »

II

GRÉGOIRE A L'ASSEMBLÉE CONSTITUANTE

L'excellente renommée de l'abbé Grégoire s'était répandue dans la province de Lorraine et lui avait acquis une juste popularité.

Il prit une part active aux réunions électorales préparatoires, assista en qualité de commissaire pour l'ordre du clergé à une assemblée tenue à Nancy le 20 janvier 1789, et deux jours après adressa aux curés lorrains une lettre pleine de sentiments patriotiques : « Nous sommes d'abord citoyens, leur disait-il, toutes les autres qualités s'effacent devant celle-là. Mais, comme curés, nous avons des droits. » Puis, parmi ces droits, ceux qu'il réclame c'est d'être compris avec le tiers, et comme le tiers, dans toutes les impositions pécuniaires, et d'obtenir pour le clergé séculier de second ordre une représentation aux états provinciaux et généraux.

Les cahiers de presque tous les baillages et sénéchaussées contiennent des vœux significatifs pour la réforme du clergé : on y demande l'abolition du concordat, des annates, du recours à Rome pour l'obtention des dispenses, l'établissement des élections ; on y demande des conciles nationaux et provinciaux, une démarcation nouvelle des limites des paroisses. L'assemblée nationale, quand elle fit tout cela, obéissait à la volonté manifestée par le clergé français.

Les trois ordres s'étant réunis à Nancy pour choisir des députés aux états généraux, le nom de l'abbé Grégoire sortit le premier de l'urne électorale.

Le biographe que nous avons cité tout à l'heure s'exprime ainsi en parlant de la présence du curé d'Embermesnil dans l'assemblée :

« Quand on considère la prodigieuse activité de Grégoire à cette époque, on croirait qu'il était arrivé aux états généraux porteur de tous les plans de perfectionnement inventés dans l'univers entier, et qu'il s'empressait de les mettre au jour, de peur qu'il ne s'en égarât quelques-uns. Ses travaux dans cette assemblée furent tellement multipliés, que l'historien a peine à énumérer tout ce que produisit cet esprit ardent et fécond, dans un si court espace de temps. »

Peu d'hommes, effectivement, ont répandu autant de projets pour l'amélioration des relations sociales ; et ces projets se distinguent presque tous par leur esprit de généralité : ils embrassent toutes les nations dans leur visée. C'est en cela que Grégoire peut être présenté comme un des types les plus caractéristiques de l'époque. Les soulèvements politiques des autres peuples, même celui qui a révolutionné l'Angleterre, motivés par des griefs particuliers, n'eurent guère de prétention que celle d'obtenir des réformes locales ; l'insurrection du peuple français, au contraire, issue d'une lutte philosophique où les droits de l'homme avaient été discutés et proclamés, eut, dès le début, une tout autre portée, celle d'une véritable régénération. Elle annonça dès le début la généreuse ambition de faire participer le monde entier à ses conquêtes libérales. N'est-ce pas là le secret de la sympathie qu'elle a excitée et qui a si profondément remué le cœur des peuples européens ?

Dès les premières opérations de l'assemblée constituante, Grégoire fut persuadé que l'heure était venue, non point de quelques soulagements précaires pour les classes les plus souffrantes de la nation, mais d'une réforme radicale que des maux invétérés rendaient inévitable. Convaincu que cette réforme, dans le sens de l'égalité, était la réalisation de la loi du Christ, et que son devoir de prêtre était d'y concourir, *ce sublime transfuge*, comme l'appelle un historien, s'efforça de faire passer la même conviction dans l'âme des autres députés ecclésiastiques, et de les décider à s'unir avec le tiers-état.

Des conseils de ce genre devaient trouver peu d'accès auprès des dignitaires de l'église, appartenant à l'aristocratie ; mais le bas clergé, sorti des rangs populaires, sympathisait avec des souffrances qu'il touchait du doigt chaque jour. Vers le commencement du mois de juin 1789, l'abbé Grégoire adressa à ses confrères et collègues une lettre politique, dans laquelle il exposait courageusement les abus dont la noblesse voulait le maintien, d'accord avec le haut clergé, tandis que les simples pasteurs, s'identifiant avec le peuple, devaient en poursuivre l'abolition ; il conjurait ceux-ci d'accepter la vérification des pouvoirs en commun, et le vote par tête, non par ordre, seul moyen d'assurer aux idées de réforme une majorité dans l'assemblée. Il les engageait enfin, dans le cas où leurs supérieurs résisteraient à tout effort de persuasion, à se séparer d'eux pour se joindre aux députés des communes, et à faire connaître à l'Europe, par un manifeste, les motifs de cette conduite.

Cet écrit contribua beaucoup à la réunion des ordres, et plaça l'abbé Grégoire, dans l'opi-

Serment du jeu de Paume

nion publique, à la tête du clergé populaire.
Le 14 juin 1789, il vint, avec quelques autres
ecclésiastiques, accéder aux actes des représentants du tiers-état, et leur entrée fut saluée par
des applaudissements enthousiastes. La veille,
trois curés du Poitou avaient donné les premiers cet exemple, qui, les jours suivants, fut
imité par d'autres. Le 17, on se constitua en
assemblée nationale. Le 20, l'abbé Grégoire
prêta serment au jeu de paume, où sa présence,
ainsi que celle du ministre protestant Rabaud
Saint-Etienne et du chartreux dom Gerle, ont
fourni à David un épisode ingénieux de son célèbre tableau.

« J'ai voulu la revoir, écrivait Grégoire bien
des années après, cette salle de jeu de paume,
où sont accumulés des souvenirs de courage et
de gloire. Si mon horreur du despotisme pouvait, je ne dis pas s'éteindre, mais s'affaiblir,
pour la ranimer je tournerais mes regards vers
ce coin de terre à jamais mémorable. »

A l'ouverture d'une des séances qui précédèrent celle du jeu de paume, il se passa une petite scène qui m'a été racontée par un témoin oculaire. Je lui donne place ici parce qu'elle peint bien Grégoire et la pétulance de son premier mouvement :

Les gens de la cour ne négligeaient aucune occasion de faire sentir aux députés du tiers-état l'infériorité de leur condition. On avait disposé aux portes de la salle des barrières mobiles qui assignaient à la noblesse, au clergé et aux communes des entrées différentes. L'abbé Grégoire arrive ; il se récrie ; puis il enjambe vivement la barrière, pour témoigner qu'il n'en doit exister aucune entre les trois ordres.

L'irritation allait sans cesse croissant, excitée par la présence des troupes que rassemblait la cour aux environs de Paris et de Versailles, et que l'on disait destinées à opprimer la représentation nationale. Grégoire appuya la motion de Mirabeau qui demandait l'éloignement de ces troupes. Quelques jours après, le 12 juillet, il revint sur le même sujet, et proposa la formation d'un comité pour examiner la conduite des ministres.

Remplaçant momentanément le président au fauteuil dans cette mémorable séance qui, ouverte le 13 au matin, ne fut levée que le 15 à dix heures du soir, séance pendant laquelle le peuple de Paris assiégeait la Bastille, Grégoire, au moment où se succédaient les nouvelles les plus alarmantes, tourné vers les tribunes publiques, où se pressaient les citoyens, inquiets des périls de l'assemblée, s'écria avec énergie : « Apprenons à ce peuple qui nous entoure que la terreur n'est point faite pour nous... Oui, messieurs, nous sauverons la liberté naissante, fallût-il nous ensevelir sous les débris de cette salle. »

« La séance dura soixante-douze heures, raconte Grégoire, et au milieu des agitations et des inquiétudes, s'intercalaient des saillies très-plaisantes, très-spirituelles. Voilà le français. »

Le clergé témoigna son adhésion à la victoire populaire : trois jours après la chute de la Bastille, il célébra des messes et des *Te Deum*, prononça des sermons patriotiques, et bénit un drapeau dans l'église des Feuillants.

Les votes politiques de Grégoire furent constamment d'accord avec ceux de la portion la plus démocratique de l'assemblée nationale.

Nous allons les passer rapidement en revue.

En 1789, une société s'était formée à Paris pour provoquer l'abolition du droit d'aînesse. Grégoire en fit l'objet d'une motion à l'assemblée le 3 novembre 1790.

Quand on rédigea la déclaration des droits, Grégoire proposa de placer le nom de Dieu au frontispice de ce monument social : « l'homme, dit-il, n'a pas été jeté par le hasard sur le coin de terre qu'il occupe ; et s'il a des droits, il faut parler de celui dont il les tient... » Il proposa aussi d'y joindre une *déclaration des devoirs*. Idée parfaitement juste : établir seulement des *droits*, c'est exposer la société à voir l'égoïsme entraver ses progrès par des revendications individuelles. Quand un homme ou une classe d'hommes vient réclamer un droit, il faut que la société puisse lui demander : quels devoirs remplissez-vous envers moi ?

Plus tard, sous la Convention, à deux reprises, Grégoire provoqua une *déclaration du droit des gens*, qui complétait sa pensée, en imposant aux peuples les mêmes obligations respectives qu'aux individus. Nous aurons lieu d'en reparler.

Lorsque la tentative de Louis XVI pour passer à l'étranger fut annoncée à l'assemblée, celle-ci continua son ordre du jour, prenant seulement les mesures nécessaires pour que rien n'entravât la marche du gouvernement. Ce calme majestueux imposa du respect à l'Europe. Grégoire aurait voulu que l'on poussât le transfuge hors de la frontière. Le contraire arriva. La question de la responsabilité royale ayant été soulevée à cette occasion, il se prononça pour la responsabilité et demanda qu'une Convention fût chargée de faire le procès du monarque.

Si cette mesure avait été adoptée alors, elle eût eu vraisemblablement pour résultat un simple décret de déchéance, et l'on ne se fût pas trouvé dans la nécessité d'y recourir plus tard, quand de nouveaux attentats contre les libertés publiques avaient creusé un abîme entre le peuple et le trône. « Il jurera tout et ne tiendra rien ! » dit la voix prophétique de Grégoire.

Le curé d'Embermesnil, montant à la tribune pour émettre l'opinion que nous venons de citer, entendit répéter autour de lui qu'il ne convenait pas à un prêtre de traiter cette question. Un membre de l'assemblée s'étant même permis de l'apostropher injurieusement, Grégoire lui répliqua sur le champ : « Quelle que soit mon opinion, je parlerai d'après ma conscience ; et au lieu de comparer cette opinion à mon état, je demande que l'on me réfute. »

Ce prêtre député, auquel on reprochait d'exprimer sa pensée personnelle sur les questions politiques, sut accomplir avec dignité sa double et difficile mission : il se montra également zélé pour les intérêts de sa croyance et pour la réforme des abus. Il s'opposa à l'entière destruction des établissements religieux, en rappelant les services rendus aux sciences et à l'agriculture par plusieurs d'entre eux. — Il s'efforça d'améliorer la condition du bas clergé, curés et vicaires de campagne. — Dans la grande séance nocturne du 4 août 1789, il réclama et obtint l'abolition des annates, droit prélevé par la cour de Rome sur les bénéfices vacants, et qui faisait sortir de France chaque année une somme de vingt millions. — L'abbé Grégoire ne témoigna point, comme on l'a prétendu, son regret de voir supprimer les dîmes ; mais, tout en admettant que le clergé était l'administrateur, et non le propriétaire des biens dits ecclésiastiques, il témoigna le désir que l'on assignât aux curés une dotation en fonds territoriaux, qui pût subvenir à leurs besoins et à leurs devoirs de charité. Selon lui, aussi, devenus cultivateurs, ils donneraient à leurs paroissiens des exemples de progrès. — Dans l'appréhension d'un schisme, Grégoire n'adhéra point sans réserve à la déclaration de l'Assemblée que la France ne reconnaîtrait plus l'autorité d'aucun évêque ou archevêque étranger ; et il proposa d'y ajouter ces mots : *sans pour cela porter atteinte à l'autorité papale.* Mais il approuva le retour à l'usage des siècles chrétiens où chaque paroisse nommait son chef : cette élection était, à son avis, dans l'esprit des libertés gallicanes. — Enfin, il fut le premier ecclésiastique qui prêta serment à la constitution civile du clergé. L'exemple d'un homme dont on connaissait les lumières et la piété exerça une notable influence sur les autres membres de l'ordre auquel il appartenait. Qu'on nous permette de rapporter quelques fragments du discours prononcé par lui à cette occasion :

« On ne peut se dissimuler, dit Grégoire, que beaucoup de pasteurs très-estimables, et dont le patriotisme n'est point équivoque, éprouvent des anxiétés parce qu'ils craignent que la constitution française ne soit incompatible avec les principes du catholicisme. Nous sommes aussi invariablement attachés aux lois de la religion qu'à celles de la patrie. Mais, après le plus mûr examen, nous déclarons ne rien apercevoir dans la constitution civile du clergé qui puisse blesser les vérités saintes que nous devons croire et enseigner. — Ce serait calomnier l'Assemblée nationale que de lui supposer le projet de mettre la main à l'encensoir. A la face de la France, de l'univers, elle manifeste son respect pour la religion catholique. Jamais elle n'a voulu priver les fidèles d'aucun moyen de salut ; jamais elle n'a voulu porter la moindre atteinte au dogme, à la hiérarchie, à l'autorité spirituelle du chef de l'Eglise : elle reconnaît que ces objets sont hors de son domaine. Dans la nouvelle circonscription des diocèses, elle a voulu seulement déterminer des formes politiques plus avantageuses aux fidèles et à l'État : le titre seul de *constitution civile du clergé* énonce suffisamment l'intention de l'Assemblée nationale. — Nulle considération ne peut donc suspendre l'émission de notre serment. Nous formons les vœux les plus ardents pour que, dans toute l'étendue de la France, nos confrères, calmant leurs inquiétudes, s'empressent de remplir un devoir de patriotisme si propre à porter la paix dans le royaume et à cimenter l'union entre les pasteurs et les ouailles. »

Cette déclaration fut écoutée avec un profond recueillement. Grégoire, alors, donnant l'exemple de la soumission qu'il recommandait à ses confrères, prêta, au bruit de longs applaudissements, le serment en ces termes : « Je jure de veiller avec soin aux fidèles dont la direction m'est confiée ; je jure d'être fidèle à la nation, à la loi et au roi ; je jure de maintenir de tout mon pouvoir la constitution française, décrétée par l'Assemblée nationale et acceptée par le roi, et notamment les décrets relatifs à la constitution civile du clergé. »

Tel est l'acte de la vie de Grégoire qui déchaîna contre lui de si longs ressentiments, réveillés avec une nouvelle intensité dans ses derniers jours. Il répondit à ses détracteurs par une brochure *sur la légitimité du serment civique*, et poursuivit avec calme la route que lui traçait sa conscience.

La majorité du clergé inférieur prêta le serment, qui n'était point entaché d'hérésie, puisqu'il ne changeait rien à la doctrine de l'Église, et puisque les assermentés ne se détachaient pas de l'obéissance canonique au chef de la catholicité. Plusieurs évêques même avaient déjà pris des mesures pour organiser leurs diocèses selon les lois nouvelles, lorsqu'un contre-ordre général fut donné par les adversaires implacables de la Révolution. La coalition des prélats-députés, qui croyaient par leur résistance forcer l'Assemblée nationale à détruire son propre ouvrage, l'esprit de corps, et l'entraînement de l'exemple, poussèrent dans l'émigration beaucoup de membres du clergé qui seraient restés volontiers au poste où devaient les retenir l'amour de la religion et celui du pays. Les plus ardents ne dissimulaient pas l'espoir qu'une cessation générale et subite des cérémonies du culte aurait peut-être pour résultat d'exciter le peuple à la révolte.

Le marquis de Ferrières, dans ses *Mémoires*, peint en ces termes la crise dont nous parlons :

« Les évêques et les révolutionnaires s'agitèrent et intriguèrent, les uns pour faire prêter le serment, les autres pour empêcher qu'on ne le prêtât. Les deux partis sentaient l'influence qu'aurait dans les provinces la conduite que tiendraient les ecclésiastiques de l'Assemblée. Les évêques se rapprochèrent de leurs curés ; les dévots et les dévotes se mirent en mouvement. Toutes les conversations ne roulèrent plus que sur le serment du clergé ; on eût dit que le destin de la France et le sort de tous les Français dépendaient de sa non prestation. Les hommes les plus libres dans leurs opinions religieuses, les femmes les plus décriées par leurs mœurs, devinrent tout-à-coup de sévères théologiens, d'ardents missionnaires de la pureté et de l'intégrité de la foi romaine. »

« Le *Journal de Fonteney*, l'*Ami du Roi*, la *Gazette de Durosois*, employèrent leurs armes ordinaires, l'exagération, le mensonge, la calomnie (c'est toujours le marquis de Ferrières qui parle). On répandit une foule d'écrits dans lesquels la constitution civile du clergé était traitée de schismatique, d'hérétique, de destructive de la religion. Les dévotes colportaient ces écrits de maison en maison. Elles priaient, conjuraient, menaçaient, selon les penchants et les caractères ; on montrait aux uns le clergé triomphant, l'Assemblée dissoute, les ecclésiastiques prévaricateurs dépouillés de leurs bénéfices, enfermés dans des maisons de correction ; les ecclésiastiques fidèles couverts de gloire, comblés de richesses. Le pape allait lancer ses foudres sur une Assemblée sacrilège et sur des prêtres apostats ; les peuples, dépourvus de sacrements, se soulèveraient ; les puissances étrangères entreraient en France, et cet édifice d'iniquité et de scélératesse s'écroulerait sur ses propres fondements.»

On peut juger à différents point de vue ce grand acte de la constitution civile du clergé.

Qu'il ait été juste en lui-même, et parfaitement justifiable aux yeux d'ecclésiastiques éclairés et patriotes comme Grégoire, cela ne peut faire l'objet d'un doute. Mais on ne saurait se dissimuler non plus qu'il fournit aux contre-révolutionnaires un prétexte, habilement employé, pour alarmer la conscience d'un grand nombre de prêtres et pour les gagner à leur cause. Une séparation violente se produisit : il y eut les assermentés et les insermentés, l'église constitutionnelle et la petite église, un culte public et un culte clandestin ; les réfractaires se joignirent aux royalistes pour entretenir la guerre civile ; ils en devinrent l'âme dans plusieurs départements.

Tandis que l'apôtre de la démocratie évangélique soulevait contre lui la haine des dévots, il voyait redoubler la vénération dont l'entouraient l'opinion nationale et l'Assemblée. Celle-ci le choisit pour son président, le 18 janvier 1791, et deux départements, ceux de la Sarthe et de Loir-et-Cher, se disputèrent le bienfait de l'avoir pour pasteur. Nommé le même jour évêque au Mans et à Blois, il opta pour ce dernier siége ;

et il a toujours joint à son nom un titre qu'il ne devait ni à l'intrigue, ni à la faveur, mais au choix spontané du peuple et du clergé.

A l'expiration de sa présidence, sa piété se témoigna par un trait que les journaux du temps ont recueilli. Il se rendit à l'église des Feuillants pour remercier Dieu d'avoir soutenu ses forces pendant cette mission difficile ; le prêtre chargé d'officier se trouvant seul, Grégoire s'agenouilla derrière lui et servit la messe. On vit ainsi l'homme qui venait d'occuper le plus beau poste de l'État, remplir un instant après les plus humbles fonctions de la hiérarchie ecclésiastique.

Avant de suivre le nouvel évêque de Blois au milieu de ses diocésains, où sa courte administration n'a laissé que des souvenirs édifiants, jetons un coup d'œil sur ses actes à l'Assemblée constituante, comme philanthrope ; nous connaissons déjà le prêtre et l'homme politique.

Mais d'abord, rapportons ici l'origine de l'amitié qui lia pour toute sa vie Grégoire à une personne dont le nom se trouvera plusieurs fois dans ces pages.

Lorsqu'en 1789, le curé d'Embermesnil quitta la Lorraine pour venir siéger aux Etats Généraux, un de ses compatriotes l'adressa à une famille de Paris, respectable et riche, comme un des ecclésiastiques qui faisaient le plus d'honneur au clergé. M. et Mme Dubois l'accueillirent avec empressement et cordialité.

Après les journées des 5 et 6 octobre, l'Assemblée ayant changé la résidence de Versailles pour celle de Paris, Grégoire, mal habile à se donner le bien-être matériel, comme la plupart des hommes que préoccupe le travail des idées, fut heureux d'accepter la table et le logement qui lui furent offerts par le ménage Dubois. Ainsi s'établit entre eux une amitié profonde et prolongée. Le mari étant mort au bout de vingt ans, Grégoire continua de demeurer chez la veuve, qu'il se plaisait à nommer sa mère adoptive ; et celle-ci voua à sa personne, comme plus tard à sa mémoire, un véritable culte.

Les opinions qu'il avait émises, avant la Révolution, sur la justice et la nécessité d'améliorer le sort des Juifs, ne laissaient point douter qu'arrivé à l'Assemblée nationale, Grégoire mettrait à profit sa position nouvelle pour réaliser ses vues philanthropiques.

On ne tarda point, en effet, à l'entendre dénoncer les persécutions exercées en Alsace contre ces religionnaires. Il obtint leur élévation à la dignité de citoyens.

On vit alors (exemple inouï peut-être) les synagogues reconnaissantes faire des prières publiques pour un prêtre chrétien. Plusieurs années après, visitant celle d'Amsterdam, l'abbé Grégoire eut encore la joie d'entendre son nom intercalé dans un cantique. C'est un souvenir dont il aimait à parler.

D'autres victimes de la cupidité et du préjugé fixèrent également ses yeux, jaloux de découvrir des maux à soulager. Le 22 octobre 1789, une députation des gens de couleur libres des colonies réclama pour cette classe de citoyens l'exercice de leurs droits. Grégoire adressa à l'Assemblée un *Mémoire* dans le même but, et demanda leur admission dans la représentation nationale. L'abolition de l'esclavage ne se présentait encore que comme une espérance. Accomplie seulement trois années plus tard, elle fut étrangère aux premiers troubles de Saint-Domingue, occasionnés par la résistance des colons au décret qui accordait les droits civiques aux hommes de sang mêlé, c'est-à-dire à leurs propres enfants. Cette résistance, armée, obligea les commissaires de la Convention à devancer les projets de l'Assemblée, en promettant la liberté aux esclaves qui viendraient se ranger sous les drapeaux de la République ; et ces esclaves, subitement émancipés, retournèrent presque tous au travail. Leurs descendants, qui forment aujourd'hui la population d'Haïti, loin de présenter le spectacle lamentable que les ennemis de leur cause se plaisent à tracer, s'adonnent à l'agriculture, et en tirent à peu près autant de bien-être qu'aucune autre classe de cultivateurs.

Et quand il n'en serait pas ainsi, devrait-on s'en étonner ? Pendant des siècles, l'idée du travail et celle de la servitude ont été inséparables dans l'esprit de ces hommes ; l'idée de repos et d'indolence n'a-t-elle pas dû devenir pour eux synonyme de celle de liberté ? Étonnons-nous plutôt que la civilisation ait fait des progrès assez rapides pour triompher de pareils préjugés. Le travail est-il donc si fort en honneur chez nos vieilles nations européennes! Y a-t-il si longtemps qu'une certaine classe aurait cru déroger en exerçant les professions industrielles?

Lorsque l'Assemblée constituante se sépara pour faire place à la législative, les sociétés patriotiques adressèrent des félicitations aux députés qui avaient déployé, dans l'exercice de leurs fonctions, le plus de talent et de civisme. Grégoire répondit en leur nom. Lui-même présidait alors par intérim la société des *Amis de la Constitution*, devenue plus tard le club des Jacobins, et il fut chargé par elle de rédiger une adresse aux députés de la nouvelle législature. Analysant avec sévérité les travaux de l'Assemblée pendant sa session de vingt-neuf mois, l'auteur tirait des fautes de ce corps politique des conseils salutaires pour ses successeurs. Les pages que nous allons citer montreront la crudité de franchise qui commençait à être le cachet de l'époque :

« De tous les points de l'empire, le vœu de nos concitoyens vous députe au congrès national. Il est temps que les fondateurs de la constitution remettent en vos mains les rênes du pouvoir qui commençaient à flotter dans les leurs. Quelques-uns d'entre nous couraient encore dans la carrière ; mais un grand nombre s'y traînaient, et des chutes fréquentes ont annoncé leur épuisement, constaté leur impéritie, ou signalé leur corruption. La Liberté inquiète et meurtrie vous tend les bras ; vingt-cinq millions d'hommes ont les yeux fixés sur vous ; ils espèrent que vous consoliderez notre ouvrage. Salut à nos successeurs !

« Puissiez-vous, les uns justifier, les autres démentir les récits de la renommée qui vous a précédés dans la capitale ! A côté d'une imposante majorité qui consolera la patrie, on montre déjà ceux qui, admis par la loi dans son sanctuaire, en sont repoussés par la confiance publique, parce qu'ils ont souillé la pureté des élections, fait mouvoir les ressorts de la cabale et soudoyé la bassesse.

« Hommes vertueux, vous êtes dignes d'être calomniés, vous le serez ; mais la justice arrachera vos noms à l'imposture pour les présenter à notre estime. Hommes pervers, vous serez jugés, et chacun aura le droit d'imprimer sur votre front le sceau de l'ignominie, le fer rouge de la vérité. »

C'est ici qu'il convient de placer une appréciation du caractère et du talent de Grégoire, tracée par un collègue qui fut son adversaire, l'abbé de Pradt :

« Parmi les cent quarante-quatre curés qui parurent aux états généraux, un seul, M. Grégoire, montra quelque facilité pour s'exprimer, ainsi que quelques connaissances dans le droit et les affaires publiques. Son langage avait plus d'ardeur que de feu, plus d'impétuosité que de vivacité. Il se trouvait presque toujours dans ce qu'il disait quelque chose de provocateur, et l'on sentait un homme qui se défend comme les autres attaquent. Cela n'empêche point que de vastes connaissances, acquises par un travail infatigable, n'appartiennent à M. Grégoire ; et que, dans toute sa carrière, il n'ait montré un ardent amour de la liberté, avec une conformité parfaite de principes, chose honorable dans tous les temps, dans tous les pays, dans tous les hommes. »

III

GRÉGOIRE A L'ÉVÊCHÉ DE BLOIS

Établi dans son diocèse après la clôture de l'assemblée nationale, Grégoire se livra aux travaux de l'épiscopat avec son activité habituelle : il prêcha cinquante fois pendant une tournée de huit jours. Peu de temps lui suffit pour dissiper les préventions de ceux qui avaient peine à comprendre que chez lui la ferveur politique était un mode d'action de la ferveur chrétienne. Ils purent s'en convaincre en lisant ses *Lettres pastorales*, où s'harmonisent l'onction religieuse et le patriotisme, et en l'écoutant prononcer dans la chaire apostolique des discours analogues à ceux dont sa voix avait fait retentir la tribune législative. Des services solennels, célébrés dans l'église cathédrale de Blois, l'un en l'honneur de Simoneau, maire d'Étampes, massacré en défendant la loi, l'autre pour les citoyens morts à Paris le 10 août 1792 en combattant pour la liberté, fournirent surtout au nouveau prélat l'occasion de manifester ses sentiments démocratiques.

Ces discours portent l'empreinte d'une exaltation révolutionnaire qui souvent fut blâmée comme peu assortie au ministère du prêtre. Ce n'est pas sans raison que M. de Pradt, dans le passage que nous avons cité tout à l'heure, signale chez son collègue une certaine humeur batailleuse. Mais doit-on s'étonner qu'avec ses convictions hardies, en présence des obstacles que l'esprit retardataire et les intérêts égoïstes ne cessaient d'opposer à la réalisation des idées nouvelles, un homme jeune, ardent, impressionnable comme Grégoire, ait employé fréquemment le style que les passions de l'époque avaient mis en usage ? nous y voyons une preuve de l'énergie et de la sincérité de ses croyances. C'est d'après leurs actes qu'il faut juger les hommes ; et parmi ceux de Grégoire, on n'en cite pas un où son entraînement lui ait fait démentir le caractère évangélique.

Ceux qui le voyaient alors de près, ses diocésains, en pouvaient porter témoignage : dans un pays aux habitudes dévotes, où la petite église s'est particulièrement développée, « Grégoire, dit Michelet, couvrait d'une protection magnanime les prêtres insermentés. » L'historien ajoute, (et je trouve la même affirmation chez Grégoire), que généralement le clergé constitutionnel partageait avec l'autre ses églises et ses ornements.

Nous avons sous les yeux une lettre adressée onze ans plus tard à Grégoire par ses anciens vicaires, auxquels il venait d'annoncer sa démission d'évêque : « Par vos leçons vous nous avez instruits, lui disent-ils, par vos exemples vous nous avez encouragés ; il n'est aucun de nous qui n'eût pu et qui n'eût dû, en les suivant, se montrer bon citoyen et bon chrétien. »

On comprend que les électeurs aient choisi un tel homme pour présider l'administration centrale du département, et ensuite pour les représenter à la Convention.

IV

GRÉGOIRE A LA CONVENTION NATIONALE

La nouvelle assemblée s'étant constituée, mit l'évêque de Blois à la tête d'une députation chargée d'en porter avis à celle qu'elle remplaçait. Cette notification fut accueillie par des applaudissements. La France était dans l'attente des grandes mesures d'intérêt national qui allaient émaner de ses nouveaux mandataires.

Ceux-ci ne trompèrent point son attente : ils débutèrent par un acte que le vœu du pays appelait depuis plusieurs mois, l'établissement de la République. Grégoire eut l'honneur d'en prendre l'initiative. Voici comment il raconte cette scène :

« Dès la première séance de la Convention, je déclare à divers membres que je vais demander l'abolition de la royauté et la création de la République. Ils pensent que le moment est inopportun et m'engagent à suspendre. Collot d'Herbois me prévient et se borne à énoncer cette proposition. Je m'empresse d'en développer les motifs. On a recueilli surtout de mon discours ces paroles : *l'histoire des rois est le martyrologe des nations.* Sur ma rédaction, la royauté fut abolie le 21 septembre 1792, et j'avoue que pendant plusieurs jours l'excès de la joie m'ôta l'appétit et le sommeil. »

Lorsque s'ouvrit (le 15 novembre suivant) la discussion sur la mise en jugement de Louis XVI, Grégoire se prononça pour l'affirmative, et reproduisit quelques-uns des arguments qu'il avait fait valoir, après le retour de Varennes, contre l'inviolabilité royale.

Repoussant d'abord la doctrine qui regarde cette inviolabilité comme une fiction heureusement imaginée pour étayer la liberté, il s'indignait contre la pensée que le bonheur du peuple dût reposer sur une fiction. « L'inviolabilité royale, disait-il, même en adoptant ce système, ne peut s'étendre à des faits étrangers à l'exercice de la royauté, de même que l'inviolabilité des législateurs et des ambassadeurs ne s'étend point à des actes personnels étrangers à leurs fonctions. Là où ne peut s'appliquer la responsabilité du ministre, il faut bien que cesse l'irresponsabilité du monarque ; sinon, il existerait des délits sans châtiments, et ce serait la destruction du principe fondamental *que force soit à la loi.* »

Il établissait en outre, que la doctrine de l'inviolabilité constitutionnelle étant admise dans sa plus entière acception, Louis XVI ne pourrait en revendiquer le bénéfice, puisqu'il avait protesté contre la constitution en la déclarant inexécutable. De ce fait seul, disait Grégoire, il résulte que Louis ne s'était jamais regardé comme roi constitutionnel.

Mais, dans ce même discours, où l'orateur s'exprimait avec véhémence contre le ci-devant roi, il proclamait formellement son aversion pour la peine de mort, qu'il appelait : « un reste de barbarie, destiné à disparaître des codes européens. » Précédemment déjà il en avait réclamé l'abolition ; et maintenant il demandait que Louis XVI fût le premier à profiter de cette abolition : il sollicitait un acte de clémence individuelle pour obtenir une loi de clémence générale.

Pendant ces jours de crise, Mme Dubois, que des relations de famille et d'amitié rendaient moins opposée que son commensal à la cause des Bourbons, le questionnait sur l'issue du procès. « Louis est un grand coupable, disait l'évêque de Blois, mais la religion me défend de répandre le sang des hommes. »

Il se montra fidèle à ces paroles et aux principes qu'il avait émis à la tribune. Absent pour une mission, lorsque la sentence fut prononcée, il se trouvait à Chambéry avec trois de ses collègues, Hérault de Séchelles, Jagot et Simon. Ceux-ci jugèrent que leur absence ne les dispensait point de prendre leur part de responsabilité dans l'acte décisif du corps politique auquel ils appartenaient. Ils rédigèrent un projet de lettre à l'Assemblée, contenant leur vote pour la condamnation *à mort*. Mais Grégoire déclara que ni sa qualité de prêtre, ni son opinion personnelle, ne lui permettaient d'y apposer sa signature, à moins que ces deux derniers mots n'en fussent effacés. Ses collègues y consentirent après une vive discussion : leurs votes ne furent point comptés pour la peine capitale, et les quatre représentants furent denoncés aux Jacobins comme s'étant opposés à la vengeance du peuple.

Tout cela n'empêcha pas les ennemis de Grégoire de renouveler contre lui, particulièrement quand ils le virent en butte aux persecutions, le reproche d'avoir manqué dans cette circonstance aux sentiments d'un chrétien. Ils poussèrent même la perfidie jusqu'à imprimer la lettre collective des quatre représentants, en rétablissant, après le mot *condamnation*, les mots *à mort*, que Grégoire en avait fait effacer.

Nous ne sommes entres dans ce détail que pour faire apparaître la mauvaise foi des accusateurs de Grégoire, et pour montrer qu'il ne fit point fléchir le caractère du prêtre devant celui du révolutionnaire. C'est au contraire en admirant comment il sut les concilier, qu'un de ses biographes lui a justement appliqué la maxime de saint Augustin : *immoler l'erreur et aimer les hommes.*

Jamais d'ailleurs l'évêque de Blois, quelque importance qu'il attachât à prouver qu'il n'avait point participé à l'arrêt du malheureux Louis XVI, n'exprima le plus léger blâme contre ceux de ses collègues qui, obéissant à d'autres inspirations, jugèrent utile de donner à l'Europe attentive un grand exemple de sévérité nationale.

Grégoire présidait la Convention lorsqu'une députation des Savoisiens, qui reprenaient leur ancien nom d'Allobroges, vint demander la réunion de leur pays à la République française. Il fut chargé de faire un rapport à ce sujet ; et l'Assemblée, ayant adopté ses conclusions affirmatives, envoya l'auteur lui-même sur les lieux pour installer l'administration républicaine dans le nouveau département du Mont-Blanc.

Un passage de son rapport mérite d'être cité, parce qu'il témoigne que, ni pour Grégoire ni pour la Convention, le droit des gens n'était un vain mot :

« Il reste douze ou treize communes qui n'ont pas émis leur vœu pour la réunion, parce qu'elles ont toujours été au pouvoir de l'ennemi ; et comme la probité politique est un devoir aussi rigoureux que la probité individuelle, lorsque l'ennemi aura évacué le territoire de ces communes, elles ne seront sans doute réputées françaises qu'autant qu'elles en auraient librement exprimé le désir. »

L'Alsace peut dire si les monarchies ont de pareils scrupules.

De la Savoie, Grégoire passa dans le comté de Nice, pour y présider à l'organisation du département des Alpes-Maritimes. Au retour de cette nouvelle mission, il disait à Mme Dubois : « Bonne mère (c'est le nom qu'il lui donnait toujours), devinez combien mon souper de chaque soir coûtait à la nation ? juste deux sous ; car je soupais avec deux oranges. Aussi je n'ai pas dépensé tout mon argent : voyez ce que je rapporte au trésor public... »

Il montrait, nouée dans le coin d'un mouchoir,

la petite somme épargnée sur ses frais de voyage, et se glorifiait naïvement de sa patriotique économie.

« Je suis tenté de rire, écrit-il, en me rappelant qu'au camp de Brau, au-dessus de Sospello, j'ai, sous le canon piémontais, parcouru à cheval et en habit violet les rangs des divers bataillons, et que je les ai tous harangués. »

Rentré dans le sein de la Convention, après six mois d'absence, Grégoire, en qualité d'ancien président, remplaçait momentanément Mallarmé au fauteuil, le 31 mai, lorsque les sectionnaires vinrent présenter une adresse pour obtenir la proscription des Girondins.

Dans sa réponse, Grégoire s'efforça de rappeler les citoyens à l'union, gage du salut de la patrie; mais en même temps il s'exprima avec force sur les soupçons que répandaient contre la population parisienne les Girondins et leurs amis, dont il désapprouvait l'attitude politique.

La discussion du pacte constitutionnel se poursuivait au milieu de ces troubles. Grégoire proposa de placer en tête du titre : *Des rapports de la République française avec les nations étran-*

gères, une série d'articles formant une *déclaration du droit des gens*.

Il appartenait, en effet, à la révolution, qui avait proclamé les droits de l'homme, de définir également ceux des peuples. L'absence de principes sur cette matière est telle que nous demeurons impassibles devant la lutte des états, quelle que soit l'injustice de leurs agressions, tandis que, si deux individus s'attaquent dans la rue, nous arrachons les armes de leurs mains. Pourquoi les nations ne reconnaîtraient-elles pas un arbitre de leurs différents ?

Mais la France était alors obligée de combattre l'Europe entière, ameutée contre sa liberté : la motion généreuse de Grégoire ne devait obtenir que des applaudissements platoniques. Lui-même l'avait prévu, quand il disait dans son exposé de motifs : « c'était un beau rêve que celui du publiciste saint Pierre »

Des sentiments analogues sont exprimés dans les considérants d'un arrêté que proposa Grégoire au comité d'instruction publique, dont on l'avait élu membre au retour de sa mission dans le midi.

Cet arrêté avait pour objet de créer entre les écrivains, les savants, les journalistes de tout pays, une sorte de confédération littéraire : des correspondances régulières devaient être établies par l'intermédiaire des agents diplomatiques ; les secours et la protection respective des gouvernements devaient leur être assurés.

Nous verrons Grégoire reprendre et agrandir, à plusieurs époques de sa vie, ce dessein favori d'une association entre les hommes placés par leurs talents à la tête de l'opinion publique dans chaque pays. Et lorsqu'il ne fut plus rien dans l'état, fidèle à la même pensée, il tâcha encore de la réaliser par ses efforts personnels.

Nous avons dit qu'à son retour des départements méridionaux, Grégoire avait été appelé au comité d'instruction publique ; ce fut alors surtout qu'il déploya son étonnante activité.

Sur sa proposition, la Convention chargea ce comité de recueillir sous le titre *d'annales du civisme*, les traits qui avaient le plus honoré la révolution. En traçant le plan de l'ouvrage, destiné à la lecture dans les écoles, Grégoire citait par avance plusieurs des exemples qui mériteraient d'y être consignés ; et il s'efforçait de les choisir dans la vie de ces citoyens obscurs, de ces simples soldats qui se sacrifient pour la cause générale, sans nourrir même l'espoir que leur nom figurera dans un bulletin et sera transmis à la reconnaissance de la patrie. C'est en rappelant les belles actions inspirées par le sentiment républicain qu'il voulait faire aimer la République.

Voici les derniers mots de son rapport :

« Le patriotisme sans probité est une chimère, et la liberté ne serait qu'un frêle édifice si elle n'était fondée sur les lumières et sur la vertu. »

Le 8 août 1793, Grégoire fit décider la suppression des académies, pour les réorganiser sur un plan nouveau, approprié au progrès des idées.

Il fut l'un des fondateurs de l'*Institut national*, ainsi que du *Conservatoire des arts et métiers*, et du *bureau des longitudes*, auquel il fit attribuer la rédaction de la *connaissance des temps*.

Sa sollicitude pour les gens de lettres lui inspira la proposition d'admettre le cumul en faveur de ceux qui remplissaient plusieurs fonctions dans l'enseignement public. Il obtint aussi pour eux, de la Convention, à titre d'encouragement, une somme de cent mille écus, portée ensuite à huit cent mille francs ; mais il voulait que, dans la répartition de ces secours et de ces récompenses, on eût égard surtout à la moralité des écrivains et à la tendance de leurs travaux.

Bien des fois, pendant la tempête révolutionnaire, Grégoire avait profité de sa position et de son influence pour mettre à l'abri du danger les hommes d'art ou de science. Il avait dressé une liste de ceux qui habitaient les départements, et il faisait expédier à chacun d'eux, par le comité d'instruction publique, quelque mission littéraire, qui, en le rattachant officiellement à l'administration centrale, devenait pour lui un gage de sécurité. Ces actes d'humanité atteignaient un double but ; car les protégés de Grégoire protégèrent à leur tour, dans toute l'étendue de la France, une foule de monuments, de collections et de bibliothèques. La fureur populaire, dans son aveuglement, en avait détruit un grand nombre, et le brigandage intéressé beaucoup plus encore : des spéculateurs volaient ou achetaient à vil prix des antiquités, des livres, des tableaux, en trompant l'ignorance des administrations locales. Grégoire fut chargé, et nul ne pouvait le mieux faire, de rendre compte de ces dévastations sauvages, et de proposer des moyens pour en empêcher la continuation. Ce fut de sa part l'objet de trois rapports sur le *vandalisme*. « Je créai, dit-il, le mot pour tuer la chose. »

Il faut reconnaître cependant que Grégoire, en rédigeant ces rapports intéressants, qui respirent l'amour des sciences et des lettres, s'est souvent laissé entraîner par la passion ; qu'il y exagère les faits et attribue aux désordres révolutionnaires des ruines antérieures à l'époque de ces désordres ; quelques-unes dataient des fameuses razzias commandées par Richelieu ; quelques-unes remontaient même jusqu'aux guerres de religion.

Et puis, n'hésitons pas à le dire, en tout temps l'ignorance populaire a détruit sans scrupule des objets dont elle ne comprenait ni l'importance historique ni la valeur artistique. La loi n'est-elle pas encore aujourd'hui forcée de protéger nos vieux monuments les plus respectables? Et si des souvenirs récents de honte, d'oppression et d'intolérance irritèrent alors des fils de vilains contre certains édifices féodaux ou religieux, faut-il s'en étonner? Personne, dit un écrivain patriote, ne songerait à qualifier de barbares les soldats français qui ont renversé la colonne de Rosbach, quand même cette colonne eût été un chef-d'œuvre de l'art.

L'éducation publique trouva surtout en Grégoire un infatigable propagateur : « Sachez, citoyens, disait-il à la Convention, sachez qu'un peuple ignorant ne sera jamais un peuple libre, ou qu'il ne le sera pas longtemps. »

Il demanda la répartition, entre les bibliothèques des départements, des six millions de volumes que possédait alors la France : « les moyens d'instruction, dit-il, doivent être disséminés sur la surface de la République, comme des reverbères dans une cité. »

Il entrait dans le système de la Convention d'extirper autant que possible les patois locaux si nombreux en France, et qui contribuaient à maintenir les anciennes individualités provinciales. De l'unité d'idiôme, comme de l'unité des poids et mesures, des monnaies, etc., devait se former l'unité républicaine. Grégoire, dans un rapport sur la nécessité de généraliser l'usage de la langue française, fit valoir cette haute considération ; il représenta également que tous les citoyens étant désormais admissibles aux emplois publics, tous devaient se mettre en puissance de les occuper, afin qu'il ne se constituât pas une caste particulière, seule en possession du langage national, et seule capable en conséquence de remplir les fonctions administratives, judiciaires ou militaires. Tout citoyen, d'ailleurs, est tenu à la connaissance des lois de son pays, et il ne peut l'acquérir qu'en sachant apprécier leurs textes, sous peine des plus étranges erreurs.

Ce rapport est curieux par la multitude des renseignements qu'il contient et des mesures qu'il propose. Rien ne s'y trouve négligé, pas même les complaintes populaires et les enseignes des boutiques. On y voit avec quel soin l'auteur s'efforçait de rendre ses idées applicables jusque dans les plus minutieux détails. C'était là une des propriétés de son esprit : nous l'avons entendu un jour recommander, comme moyen d'instruction pour les enfants, les devises de bonbons, sur lesquelles il désirait que l'on inscrivît de sages maximes au lieu de fades galanteries.

D'autres propositions, toutes conçues dans le même esprit, eurent pour objet :

L'usage de la langue française pour les inscriptions des nouveaux monuments publics, en respectant celles des monuments anciens, comme aussi celles des modernes qui n'étaient point consacrées à la royauté ou à la féodalité.

Un système général de dénomination pour les places, rues, quais, etc., dans toutes les communes de la République. Ce système consistait à remplacer des noms souvent barbares, insignifiants, ou même indécents, par d'autres noms empruntés à l'histoire, à la géographie, aux sciences, aux arts ou aux hommes qui ont le plus travaillé pour le bien de leurs semblables.

Encore quelques exemples de cette fécondité d'inspirations utiles ; nous en supprimons beaucoup, pour éviter une fatigante énumération ; mais, sans ce détail, on ne connaîtrait pas l'homme.

Un jour, Grégoire vient entretenir la commission des arts d'un projet de jardins de géographie pratique. Ceux qui plus tard ont dessiné de pareils jardins pour l'enseignement de la géographie ignoraient sans doute qu'ils avaient eu ce prédécesseur.

Un autre jour il se fait autoriser à entamer des relations directes avec nos agents diplomatiques et commerciaux, pour être tenu par eux au courant des progrès qui se réalisent dans les pays étrangers, des découvertes qu'on y fait, des inventions intéressantes qui s'y produisent, des livres qui s'y publient ; et il arrive ainsi aux résultats les plus profitables.

Plein d'intérêt pour l'agriculture, comme il s'était déjà montré à l'Assemblée constituante, Grégoire proposa d'établir dans chaque département une maison modèle d'économie rurale, et en même temps de multiplier les jardins botaniques, pour l'encouragement desquels il fit voter une somme de 150,000 francs. Enfin il réclama les honneurs du Panthéon pour Olivier de Serres, l'auteur du *théâtre d'Agriculture*. « Quel moment sublime, s'écriait il, que celui où les représentants du peuple français porteront en triomphe la statue d'un laboureur au Panthéon [1] ! »

En rappelant le souvenir de ces œuvres, nous n'avons pas seulement l'intention de faire honneur à Grégoire : tant de personnes sont habituées à ne voir dans la Convention qu'une sorte de club révolutionnaire, s'entourant de ruines, proscrivant la science et les savants, et mettant à l'ordre du jour l'ignorance et la grossièreté, qu'il importe de montrer quels furent les actes d'un seul homme parmi les membres de ce grand corps politique auquel la France doit la plupart des belles institutions dont elle s'enorgueillit aujourd'hui.

[1] La Convention décréta, en l'an III, que les bustes d'Olivier de Serres et de Bernard de Palissy seraient placés dans le local de ses séances ; mais c'est de nos jours seulement que ces hommes illustres ont eu l'honneur du bronze et du marbre.

Au milieu de ses travaux multipliés, Grégoire sut faire triompher les idées généreuses qui l'avaient si vivement passionné au début de sa carrière publique. Le 27 juillet 1793, il demanda et obtint la suppression de la prime accordée pour la traite des nègres, prime que l'on évaluait à deux millions et demi de francs. L'esclavage colonial lui-même fut complétement aboli par la Convention, le 4 février 1794. Il fallut pour le rétablir le rétablissement de la monarchie dans la personne de Napoléon ; et dès la première année de cette monarchie nouvelle, on vit un fabricant de Carcassonne présenter à l'exposition des produits de l'industrie des *draps pour la traite des nègres*. Abolie de nouveau le 30 mai 1814 par une mesure générale que provoqua l'Angleterre, la traite reprit néanmoins activité dans les colonies françaises, le gouvernement des Bourbons s'étant réservé de la continuer pendant cinq ans, sous le prétexte d'approvisionner d'esclaves ses colonies, qui en avaient été privées pendant les guerres maritimes. Malgré les réclamations obstinées de la philanthropie et les mensongères promesses du pouvoir, la traite s'est poursuivie jusqu'en 1830, l'esclavage jusqu'à la révolution de 1848.

On nous pardonnera cette digression sur l'objet des vœux et des travaux les plus constants de l'homme dont nous racontons ici les travaux et les vœux.

Arrivons à la circonstance solennelle où l'évêque républicain déploya surtout la fermeté de son caractère et celle de ses principes religieux, à la scène dite des abjurations, qui serait pourtant mieux nommée des abdications.

Le 7 novembre 1793, le membres du clergé de Paris se présentèrent à la barre de la convention, ayant à leur tête Gobel, évêque métropolitain.

Gobel était un homme instruit et de passé honorable. Alsacien de naissance, ministre des affaires ecclésiastiques du prince souverain évêque de Bâle, il avait été élu par le clergé de Belfort à l'Assemblée constituante ; devenu évêque de Paris, Talleyrand l'institua, à défaut du Pape qui excommuniait les prêtres assermentés.

Dans les premiers jours du mois de novembre, Anacharsis Clootz et Péreira s'étaient rendu chez Gobel pour le presser de faire une abjuration éclatante, espérant sans doute qu'elle en entraînerait beaucoup d'autres. Gobel répliqua qu'il ne pouvait rien rétracter de ses croyances religieuses ; mais il se montra disposé à abdiquer ses fonctions d'évêque. Son conseil, dont il prit l'avis, décida à la majorité de 14 voix sur 17 votants, que la démission serait donnée sans qu'il fût question du dogme.

En conséquence, Gobel se borna à déclarer qu'ayant accepté l'épiscopat pour obéir au peuple, il le résignait de même pour lui obéir, et qu'il renonçait à exercer les fonctions de ministre du culte catholique. Il ajouta que ses vicaires l'avaient chargé de faire en leur nom une déclaration pareille ; puis il déposa ses titres, sa croix et son anneau. Ajoutons qu'il eut la triste faiblesse de se coiffer du bonnet rouge.

Le président (c'était Laloi) détourna un peu, dans sa réponse, le sens des paroles qui venaient d'être prononcées. Il dit que la constitution, garantissant la liberté des cultes, ne prescrivait aux citoyens que la pratique des vertus sociales et morales ; mais qu'au nom de l'Assemblée, il devait applaudir aux hommes qui venaient abjurer leurs erreurs et rendre hommage à la raison.

Plusieurs prêtres catholiques et un ministre protestant cédèrent à l'exemple donné. Les uns mirent de la dignité dans leurs explications ; d'autres ne rougirent pas de proclamer que jusqu'alors ils avaient agi en charlatans, et qu'ils étaient fatigués d'enseigner le mensonge.

Au moment où cela se passait, Grégoire était au Comité d'instruction publique. Il se rend sur le champ à l'Assemblée ; on l'entoure, on le somme d'imiter ses collègues. Il monte à la tribune.

Mais au lieu d'une abjuration, c'est l'apologie de sa croyance que prononce le prélat républicain. « Cette croyance, dit-il, est hors de votre domaine : catholique par conviction et par sentiment, prêtre par choix, j'ai été désigné par le peuple pour être évêque ; mais ce n'est ni de lui ni de vous, que je tiens ma mission... Agissant d'après les principes sacrés qui me sont chers et que je vous défie de me ravir, j'ai tâché

Grégoire refuse d'abjurer

de faire du bien dans mon diocèse ; je reste évêque pour en faire encore. »

De bruyants témoignages d'improbation interrompirent pour la première fois les paroles de Grégoire ; et pendant plusieurs mois il fut en butte à des attaques de tous genres : quelques-uns de ses collègues, étranges apôtres de la liberté, ne voulaient plus siéger auprès de lui ; il se vit insulté dans les lieux publics, dénoncé dans les clubs, menacé par des placards qui le signalaient aux fureurs de la multitude.

Nous complèterons le récit de cet événement par une anecdote écrite sous la dictée de Mme Dubois, l'amie de Grégoire :

« Trois personnes que je ne connaissais pas se présentèrent chez M. l'évêque en son absence, et dirent qu'elles reviendraient le lendemain matin. Lorsqu'il rentra je lui annonçai cette visite ; il répondit qu'il la recevrait.

Cependant j'avais cru remarquer, dans la contenance des visiteurs, une exaspération qui me donnait de l'inquiétude. Le lendemain, quand ils furent entrés dans le cabinet de M. Grégoire, je ne pus m'empêcher d'écouter à la porte. On parlait à haute voix et avec vivacité. Les étrangers représentaient à M. l'évêque la nécessité d'une abjuration qui, dans sa bouche, porterait un coup mortel au papisme ; ils employaient tour à tour, pour l'y déterminer, les promesses et les menaces. Mais c'était vainement : un seul mot sortait des lèvres de M. l'évêque en réponse à toutes leurs interpellations, un *non* bien positif et fermement accentué. Assis dans son fauteuil, les mains derrière le dos, il accompagnait chaque *non* d'un coup sec de son pied sur le parquet.

« Eh bien ! s'écria l'un des étrangers avec l'accent de la fureur, tu viens de monter deux degrés de l'échafaud ; tu monteras le dernier.

« Je suis prêt, répliqua M. Grégoire, car, vous pouvez en être assuré, je ne démentirai jamais mes croyances. »

Quand il fut débarrassé de cette visite, M. l'évêque descendit pour déjeuner avec un air aussi serein que de coutume. Mais, au moment de se lever de table : « mes bons amis, nous dit-il, lorsqu'on vit au milieu de la tourmente, on ne sait pas ce qui peut arriver. Il faut que vous me fassiez une promesse...

« Laquelle ?

« Tant de gens sont arrêtés sans rime ni raison ! si je venais à l'être à mon tour, promettez-moi de demeurer calmes et de ne point montrer de faiblesse.

« Nous vous obéirons.

« Promettez-moi aussi, dans le cas où ma vie serait menacée, de ne tenter aucune démarche en ma faveur, et de me laisser le soin de ma propre défense.

« Que demandez-vous là ? m'écriai-je, fondant en larmes au souvenir de la conversation que j'avais entendue le matin ; si votre vie était menacée, j'irais trouver vos amis, vos collègues, vos juges, et je saurais bien me faire écouter.

« Vous compromettriez votre repos sans me sauver, reprit M. Grégoire ; ce serait m'affliger beaucoup. D'ailleurs, j'aimerais mieux mourir que de devoir la vie aux hommes qui me menacent.

« Nous respecterons votre volonté. Avez-vous encore quelque chose à exiger de nous ?

« Oui, dans le cas où il m'arriverait malheur, allez consoler ma vieille mère. »

Trois jours après la grande scène que nous avons racontée, la première *fête de la raison* fut célébrée dans l'ancienne cathédrale de Paris.

Rien ne put ébranler l'inflexible résolution de Grégoire. Il demeura évêque, et continua de siéger dans la Convention avec son costume ecclésiastique. On le vit même la présider en soutane violette. Rare fermeté que nous devons admirer ; mais admirons également de la part de l'Assemblée une rare tolérance, en songeant à l'époque où la chose se passait. Au reste, Danton et Robespierre approuvèrent implicitement la résistance de l'évêque de Blois, lorsqu'ils appelèrent les abjurations : *un autre genre de momeries*.

Un an plus tard, le 21 décembre 1794, Grégoire, ayant demandé la parole pour une motion d'ordre, commença un discours en faveur de la liberté des cultes. Il y posait en principe la nécessité d'une religion pour le bonheur des peuples, et soutenait que le catholicisme n'a rien d'incompatible avec le régime républicain ; mais il pensait que le gouvernement ne doit adopter ni salarier aucun culte.

Ce discours, qu'il gardait en portefeuille depuis longtemps, et qu'il hésitait à prononcer, fut interrompu par plus de murmures que d'applaudissements ; il ne put l'achever, et l'imprimeur Crapelet lui refusa ses presses. C'est que, s'il répondait à un désir universel de tolérance, on ne pouvait non plus méconnaître le danger d'une liberté absolue, beaucoup de départements étant agités par les menées des prêtres réfractaires, revenus en grand nombre de l'émigration, les uns sous des prétextes, d'autres sous des déguisements, même en costume de femmes.

Peu de temps après, cependant, les mêmes députés qui avaient hué le discours de Grégoire, rendirent un décret qui garantissait la liberté des cultes.

« Cela prouve, dit Grégoire, que si les principes sont invariables, les hommes ne le sont pas. »

Mais ce qu'on avait redouté ne se produisit

que trop : dans certains départements, sous couleur de dévotion, on fit de la propagande royaliste. Au fond, la division politique était la même que la division religieuse. Les réfractaires mirent à profit la liberté pour rétablir l'ancien culte avec tous ses abus, toutes ses superstitions, surtout avec un détestable esprit de réaction : ils s'empressèrent de rebaptiser et de remarier ceux qui avaient reçu le sacrement du baptême et du mariage par la main des constitutionnels.

Ils encouragèrent les administrations municipales à refuser le paiement des instituteurs primaires. Ils avaient surtout imaginé un moyen dont ils espéraient la ruine de la république ; c'était d'arrêter la vente des biens nationaux : employant adroitement l'influence des femmes sur leurs maris et sur leurs pères, ils s'efforçaient de détourner ceux-ci de l'achat de ces biens, entachés, disaient-ils, de vol et de sacrilége.

V

GRÉGOIRE AU CONSEIL DES CINQ CENTS

Dès que le décret sur la liberté des cultes eut été rendu par la Convention, les évêques constitutionnels se mirent à l'œuvre. Ils pouvaient espérer que, de leurs efforts, surgirait un corps ecclésiastique libéral et éclairé, capable d'émanciper les esprits du joug ultramontain, sans les détourner de la foi chrétienne. Il semblait que le rêve des gallicans fût au moment de se réaliser, l'établissement d'une église nationale. Restait toujours l'inconséquence d'offrir au pape une soumission *raisonnée*, dont celui-ci ne voulait pas entendre parler.

Grégoire et ses amis fondèrent un journal, les *Annales de la religion*, et une *société de philosophie chrétienne*, qui servit de point de ralliement aux adhérents dispersés de l'école de Port-Royal. Ils travaillèrent à réorganiser les diocèses, et assemblèrent en 1797 un *concile national*, ayant pour but de tenter une fusion entre les ecclésiastiques assermentés et les non-conformistes. Mais de si louables intentions échouèrent contre l'obstination de ces derniers, qui répondirent par des invectives aux avances de leurs confrères. Un second concile, tenu en 1801, poursuivit l'œuvre du premier, et ne fut pas plus heureux dans ses efforts conciliateurs. Quant à la réorganisation des services religieux, le succès fut complet, puisque trois années avant le Consulat, trente-deux mille deux cent quatorze églises étaient ouvertes ; ce qui, pour le dire en passant, montre combien est usurpé le titre de restaurateur des autels, dont on s'est plu à décorer Napoléon.

Le chiffre que nous venons de donner, sur la

réouverture des églises, est celui d'un relevé fait par Grégoire à l'administration des domaines nationaux, en 1796 ; il est à croire que ce nombre avait un peu diminué en 1801, par suite des persécutions nouvelles contre le clergé depuis le 18 fructidor. Un autre relevé, dont l'auteur est Thibaudeau, porte à 7 millions 500 mille le nombre des adhérents à la religion catholique, qui contribuaient volontairement aux frais du culte. Nous n'avions pas besoin de preuves statistiques pour reconnaître la grande place que cette croyance occupe dans l'esprit de notre nation.

La séparation de l'Église et de l'État, accomplie par la Convention, dura pendant tout le gouvernement directorial. C'est la seule période de l'histoire que la France ait traversée sans religion officielle.

Je ne parle pas, naturellement, de l'ancien régime, où le catholicisme dominait sans partage, contenu, dans son action politique seulement, par le pouvoir absolu des rois.

Mais je fais allusion même à l'époque révolutionnaire :

La *constitution civile* du clergé, son nom le dit assez, c'était l'État organisant l'Eglise : religion officielle par définition.—Même caractère chez le *culte de l'Etre suprême*, essayé par Robespierre, président de la Convention nationale. — Même prétention chez le *culte de la raison*, qui disposait des édifices publics pour y célébrer ses fêtes ridicules. Il est juste, cependant, de rappeler que le comité de gouvernement s'abstint toujours d'y assister.

Lorsque Bonaparte revint au régime concordataire, c'était pour réprimer une ambition qui aurait pu gêner la sienne ; c'était surtout, il l'a dit lui-même, pour arriver un jour à « diriger le monde religieux comme le monde politique. »

Ce ne fut pas, d'ailleurs, sans beaucoup d'hésitations et sans tomber personnellement dans beaucoup de contradictions.

« En Egypte, dit Grégoire, Bonaparte s'était vanté d'avoir abattu les croix ; revenu en France, il prétendit à l'honneur de les relever. »

« La religion catholique, apostolique et romaine, est la seule qui puisse procurer un bonheur véritable à une société bien ordonnée, » avait-il déclaré aux curés de Milan.

Et il a déclaré depuis avoir été sur le point de pousser la France dans les voies du protestantisme. « En changeant la religion en France je la changerai dans presque toute l'Europe, » s'écriait-il.

Ceci, du moins, est un témoignage de sa foi dans l'influence de la France sur l'Europe.

Le nouveau maître exigea de son nouveau clergé un serment qui engageait celui-ci plus étroitement que le serment civique de 1791. Cependant beaucoup d'ecclésiastiques le prêtèrent, qui avaient refusé le premier. Le régime consulaire et impérial fut pour les *politiciens* de l'Eglise (excusez cette locution nouvelle qui rend bien ici ma pensée), un temps d'arrêt, en attendant le retour de l'ancienne royauté, qui devait restaurer, autant que faire se pouvait, leur ancienne suprématie.

Mais ce n'était pas dans l'intérêt de l'Église, c'était dans celui de sa propre domination que Bonaparte s'accommodait avec elle. « Vous verrez quel parti je saurai tirer des prêtres, » disait-il à Bourienne, et pourtant il trouva que les prêtres n'obéissaient pas assez, s'il est vrai, comme le raconte l'abbé de Pradt, qu'il lui ait tenu ce propos : « La plus grande faute de mon règne est d'avoir fait le concordat. »

Cet acte froissait d'ailleurs l'opinion générale, à ce point qu'une opposition se manifesta jusque chez les grands corps de l'Etat, seulement, il est vrai, à l'intérieur des comités. Le corps législatif, cependant, au temps des négociations avec la cour de Rome, pour en témoigner son mécontentement, choisit comme président Dupuis, l'auteur de l'*Origine des cultes*, et comme orateur Grégoire : encore un contraste.

L'indépendance réciproque des Églises et de l'État est le seul régime entièrement conforme aux notions modernes sur la liberté. L'ancienne monarchie ne pouvait y songer. Etablie par la Constitution de l'an III, il eût été facile au Consulat de la rendre définitive. Les circonstances aujourd'hui sont peut-être moins favorables à une pareille mesure. Le Concordat de 1801, même aux yeux de ceux qui le regardent comme ayant été une œuvre nécessaire, n'est certes pas un modèle de libéralisme, et ne le fut pas surtout dans la pensée de son auteur. Mais la restauration et le second empire ont passé sur la France ; et la réaction y a fait tant de chemin, que nous pouvons nous estimer heureux, peut-être, de trouver dans ce texte légal un point d'appui pour nos résistances aux envahissements ultramontains.

Au régime de liberté qu'avait inauguré la Constitution de l'an III, succéda le silence, Bonaparte ayant invité le concile national à se séparer, et défendu aux journaux de parler des affaires religieuses.

Bonaparte, cependant, avant d'entrer dans cette voie, eut plusieurs conférences avec Grégoire ; et Grégoire, dans son *Histoire de l'église gallicane*, raconte leurs dialogues. Il voulait, dit Grégoire, *pomper l'opinion publique.* L'évêque discuta vivement les projets du Consul ; il s'opposa surtout à un article qui faisait sanctionner par le pape la vente des biens ecclésiastiques, comme si cette vente, ordonnée par les lois de l'État, eût eu besoin d'une ratification étrangère.

Il remit au nouveau chef du gouvernement plusieurs mémoires. L'un d'eux avait pour objet la manière de négocier avec la cour de Rome ; un autre l'organisation d'un clergé national élu par les pasteurs et par le peuple. « Mais, dit-il, le dessin de rétablir la monarchie était déjà conçu, et l'on redoutait les assermentés, qui avaient donné des preuves de leur attachement à la liberté. »

« Cette constitution du clergé eût pourtant ramené les beaux jours de l'église primitive, s'écria le pétulant Lanjuinais ; mais vous n'en êtes pas dignes : vous aurez un concordat. »

Ils eurent un concordat, en effet, qui donna la victoire aux réfractaires : les constitutionnels, en rétablissant l'exercice du culte, avaient tiré les marrons du feu. On se donna l'air de faire table rase, pour renouveler complétement le personnel de l'épiscopat, constitutionnels et dissidents ; mais, tandis que les uns étaient affectueusement exhortés à se retirer, dans l'intérêt de l'Eglise, on ne demandait pas même aux autres leurs démissions (c'eût été leur reconnaître un droit) ; on les invitait simplement à déposer des titres usurpés, à abjurer leurs erreurs et à rentrer dans le sein de l'Eglise. « Il était si facile de faire cette demande d'une manière honnête, » dit Grégoire.

Cependant l'évêque de Blois, qui ne voulait pas être un sujet de trouble, donna sa démission, tout en déclarant qu'il ne cesserait point de considérer comme ayant été légitime une élection faite par le peuple selon l'usage du christianisme primitif, et en protestant de son inébranlable fidélité au serment prescrit par l'Assemblée nationale.

Près de cinquante évêques constitutionnels suivirent cet exemple. Un seul refusa d'adhérer au concordat, mais on le fit revenir de son opposition. Parmi les réfractaires, treize persistèrent dans leur attitude intransigeante et n'envoyèrent point leur démission.

Quant à Grégoire, ce fut le terme de sa carrière épiscopale.

En résumant ici ce que nous devions dire au sujet du concordat, nous avons oublié le titre de notre chapitre : nous avons oublié de rappeler qu'en sortant de la Convention, Grégoire était devenu membre du conseil des cinq cents, par l'élection du département de Loir-et-Cher.

Il fut dans cette assemblée une apparition assez étrange : les royalistes le détestaient comme un révolutionnaire et un impie, et les philosophes se moquaient de son orthodoxie chrétienne.

On le vit rarement à la tribune ; mais il continua de s'intéresser aux établissements qu'il avait travaillé à fonder sous les précédentes assemblées. Son dernier rapport eut pour objet la réunion des trois collections du Conservatoire des Arts et Métiers dans le local de la vieille abbaye Saint-Martin-des-Champs, où nous le voyons encore aujourd'hui.

VI

GRÉGOIRE AU CORPS LÉGISLATIF, A LA BIBLIOTHÈ-
QUE DE L'ARSENAL ET A L'INSTITUT

Après le 18 brumaire, Grégoire entra dans le nouveau Corps législatif, et ses collègues l'élevèrent bientôt à la présidence. Orateur de la députation envoyée aux consuls, pour l'ouverture de la session de l'an X, il porta la parole devant eux avec fermeté et patriotisme ; il leur rappela que les dépositaires de l'autorité n'existent que par le peuple et pour le peuple.

Et le premier consul répondit sur le même ton républicain, qui était encore à l'ordre du jour : « Le peuple français est notre souverain à tous ; il juge nos travaux. Ceux qui le serviront avec pureté et zèle seront accompagnés dans leur retraite par la considération et l'estime de leurs concitoyens. »

Grégoire avait d'abord, comme bien d'autres, nourri l'espérance que Bonaparte userait de son pouvoir pour consolider les libertés nationales. Il appartenait au cercle choisi qui se réunissait à Auteuil, chez la veuve d'Helvétius. Cette femme distinguée était alors âgée de quatre-vingts ans. Elève de madame de Graffigny et l'amie des hommes qui avaient fait l'ornement de la France philosophique pendant un demi-siècle, elle comptait dans sa société intime Destutt de Tracy, Gallois, Lefebvre de Laroche son commensal depuis trente ans, Cabanis qu'elle chérissait comme un fils. Elle devait à sa longue habitude de vivre au milieu du débat des opinions diverses une admirable indulgence ; mais le jeune conquérant de l'Italie et de l'Égypte lui avait inspiré un enthousiasme qu'elle s'efforçait de faire partager à ceux qui l'entouraient.

Leur illusion fut de courte durée ; Grégoire surtout ne fit bientôt aucun mystère de son mécontentement. Aussi fut-il vainement présenté à trois reprises par le Corps législatif comme candidat au Sénat : les répugnances du maître l'en éloignèrent obstinément : celui-ci prévoyait bien qu'il ne trouverait point dans les sentiments républicains de Grégoire la flexibilité que tant d'autres lui avaient montrée. Des obstacles s'élevèrent dans le sein du Sénat lui-même : quelques membres de ce corps politique, philosophes peu tolérants, laissèrent entendre que si l'on pouvait consentir à ne pas contrarier leur futur collègue sur ses opinions religieuses, on devrait néanmoins exiger de lui qu'il renonçât à des pratiques de piété, incompatibles, à leurs sens, avec la dignité sénatoriale.

Le candidat, informé des pourparlers qui avaient lieu, écrivit au Président de l'Assemblée, Sieyès, une lettre dans laquelle il repoussait avec force toute capitulation de conscience :

« Si quelques hommes, disait-il, prétendent subordonner ma nomination, je ne dis pas à l'abandon des principes qui me sont chers, mais à l'omission des actes qui en sont la conséquence, cette injustice de leur part ne m'arrachera pas une lâcheté. Ils peuvent appliquer ailleurs des suffrages que je suis loin de leur demander. »

Puis il ajoutait.

« J'aurai soin que ma lettre vous soit remise avant la séance dans laquelle le Sénat fera son élection. »

La fermeté de Grégoire obtint un nouveau triomphe : son élection eut lieu le 23 décembre 1801, deux jours après l'envoi de cette lettre. Le vœu réitéré de la législature rendait assez difficile de ne point céder à un témoignage aussi positif de l'opinion publique, pour laquelle on observait encore des ménagements.

Lorsque la députation des sénateurs se présenta chez le premier consul pour lui annoncer le choix qu'ils venaient de faire, ou plutôt de ratifier, celui-ci en les voyant s'écria : « Eh bien ! qui avez-vous nommé ?

— Grégoire.

— Grégoire ! répéta Bonaparte avec un geste d'impatience et de mécontentement. Plus tard il fit des reproches sur cette élection à Kellermann et à François de Neufchâteau.

Puisque nous venons de citer ce dernier nom, qu'on nous permette de raconter un trait honorable pour celui qui l'a porté. Au sortir de la révolution, Grégoire, qui n'avait vécu que de son traitement de député, se trouva sans ressources. François de Neufchâteau, alors ministre de l'intérieur, donna à la bibliothèque de l'Arsenal un conservateur avec 4,000 francs d'appointements ; ce fut l'ancien évêque de Blois.

Plus tard, celui-ci étant entré au Sénat, comme nous venons de le dire, beaucoup de postulants se présentèrent pour occuper sa place à l'Arsenal ; mais le ministre déclara qu'il avait créé la fonction pour Grégoire et qu'elle cesserait avec lui. Grégoire se rappela tout cela en écrivant son testament : il légua à la bibliothèque de l'arsenal sa collection de documents relatifs à la traite et à l'esclavage des nègres, la plus complète, sans doute, qui jamais se soit trouvé réunie.

Le gage de ce modeste emploi lui était nécessaire, et il avait été obligé de vendre une partie de ses livres. Cela rend assez difficile de croire, malgré l'affirmation de certains biographes, aussi bien informés que bien intentionnés, qu'il eût reçu des millions d'Israël pour plaider la cause des Juifs, et d'autres millions de l'Angleterre pour plaider celle de l'abolition dé l'esclavage.

Grégoire était devenu membre de l'Institut, classe des sciences morales et politiques, et l'un de ses membres les plus laborieux. Il y donna lecture, en 1800, d'une *apologie de Barthélemy de Las Casas*, et l'année suivante il publia *les ruines de Port Royal des Champs*. Les habitants de cette fameuse solitude étaient à ses yeux les précurseurs de la révolution de 89. Leur patriarche, Jansénius, celui qu'on appela « la perle du sacerdoce et la gloire de l'épiscopat, » n'avait-il pas été accusé de vouloir républicaniser la Flandre ?

En 1804, Grégoire composa un *essai sur l'agriculture au* XVIme *siècle,* pour servir de préface à une édition du grand ouvrage d'Olivier de Serres ; et en 1807 des *observations nouvelles sur les Juifs.*

C'est également à cette époque que remonte la composition de ses *mémoires* dont nous allons transcrire la dernière page :

« Aujourd'hui 23 avril 1808, je termine ici mes mémoires biographiques. En les relisant, je les trouve très imparfaits, très-incomplets, et déjà j'entrevois ce que je dois y corriger ou y ajouter ; mais n'ayant pas actuellement le loisir de me livrer à ce travail, je suis bien aise d'avoir au moins cette rédaction informe. Si, avant de la retoucher, je suis prévenu par la mort, du moins elle sera dépositaire de mes sentiments ; et si Dieu prolonge mes jours, je retravaillerai cet ouvrage, en y joignant mon *testament moral.*

« Que Dieu répande ses bénédictions sur moi,

sur mes amis et sur mes ennemis, pour lesquels je donnerais mon sang et ma vie. »

La fortune de Napoléon était alors à son apogée ; l'ancien conventionnel, l'ancien évêque, considérant comme terminée la grande crise à laquelle il avait pris part, jetait avec le calme d'une conscience sans reproche, un coup d'œil sur sa carrière ; et la mettant en présence des calomnies qui l'avaient abreuvé, il voulait, non point se replonger vivant dans une polémique pénible, mais laisser à la postérité un portrait fidèle de lui-même.

Ce livre ne fut donc destiné à recevoir publicité qu'après la mort de l'auteur, comme une confession et un testament. Il est rare qu'une résolution de ce genre soit sérieuse et sérieusement accomplie. Elle le fut cette fois : Grégoire a conservé pendant vingt-trois ans ses *mémoires* manuscrits. Ils n'ont paru qu'en 1837.

---

[1] *Mémoires de Grégoire*, ancien évêque de Blois, publiés par M. Carnot. 2 volumes.

VIII

GRÉGOIRE AU SÉNAT

Dans les premiers jours de sa puissance croissante, Bonaparte, malheureusement inspiré par son ambition, peut-être aussi par les préjugés créoles de son oreiller conjugal, avait réuni ses ministres, des conseillers d'État, des sénateurs, an nombre d'environ soixante, pour aviser aux moyens de rétablir à Saint-Domingue l'autorité française. La mode des idées libérales et philanthropiques était déjà remplacée par celle de la flatterie et de la complaisance aux désirs du maître.

Aussi la plupart des membres de cette nombreuse commission s'empressèrent-ils de proposer des mesures promptes et rigoureuses. L'un invoquait la force des armes pour dompter la rébellion et réinstaller l'esclavage aboli par la Convention ; l'autre voulait que l'on décimât les coupables, afin d'imposer l'obéissance par la *terreur* : il est des hommes à qui ce moyen semble tellement salutaire, qu'ils l'emploient indifféremment au service de toutes les causes. Quelques-uns préféraient user d'adresse ; ils proposaient de gagner les chefs nègres par des promesses, et de tâcher de les amener en France, où l'on pourrait les garder prisonniers, sauf à leur assurer une modique pension.

Grégoire n'avait point encore donné son opinion. Le premier consul l'interpella : « Qu'en pensez-vous ? »

« Je pense, répondit-il, que, fût-on aveugle, il suffirait d'entendre de tels discours pour être sûr qu'ils sont tenus par des blancs. Si ces messieurs changeaient de couleur, ils changeraient probablement aussi de langage.

« Allons, interrompit Bonaparte, avec un rire

qui dissimulait quelque humeur, vous êtes incorrigible.

Le rétablissement de l'esclavage fut résolu par deux cent onze suffrages, contre soixante-cinq seulement, dans le Corps législatif, dont la déférence mérita des félicitations officielles.

Ce n'est pas seulement dans cette occasion, où ses idées favorites se trouvaient en jeu, que Grégoire manifesta une courageuse opposition aux volontés du despote. Il appartint constamment à la minorité, infiniment petite, qui ne cessa de protester contre les faiblesses du Sénat. Cette minorité se composait, selon les circonstances, de cinq, de trois, ou le plus souvent de deux personnes. Quand il y en avait trois, c'étaient Grégoire, Lambrechts et Lanjuinais, (tous trois gallicans). Quand il n'y en avait que deux, c'étaient les deux premiers.

Lorsque les sénateurs furent appelés à opiner individuellement sur la proposition de rétablir le pouvoir héréditaire en le mettant aux mains de Bonaparte, la minorité (négative) fut de deux voix. Elle s'éleva jusqu'à cinq dans le vote définitif, trois *non* et deux billets blancs. Grégoire et Lambrechts, voilà bien deux *non*; mais le troisième, à qui appartenait-il? Lanjuinais était absent. On l'a attribué à Garat. Ce troisième *non* a été réclamé, timidement il est vrai, par *plus d'un* sénateur, à une époque où tout le monde voulait avoir fait partie de la minorité opposante.

Je puise ces indications dans des notes de Grégoire qui semblent avoir été préparées pour une histoire du Sénat impérial, et qui font connaître son jugement sur l'esprit de ce corps politique.

Ces notes vont nous fournir quelques citations, qui ont le mérite d'être sans aucun apprêt; on le verra par leur forme:

« Ce Sénat, que n'aurait-il pas pu faire d'une nation rajeunie! »

Mais : « gens souples, bons à tous les partis, à saint Michel et à Satan. »

« Pas de courage civil ni probité politique : on ne volera pas une montre, mais on vole la liberté. »

« Par des sénatus-consultes, on démolit toute

constitution : le Sénat n'est qu'un bureau d'enregistrement des volontés de Bonaparte. »

Dans le principe, le choix des sénateurs avait lieu sur présentations par le Corps législatif et le tribunat. Le premier Consul s'empara des nominations, et fit entrer au Sénat ses affidés et ses grands domestiques : le grand chambellan, le grand veneur, le grand écuyer, le grand maître des cérémonies.

Les notes deviennent surtout très-piquantes lorsqu'elles ont trait aux élections du Corps législatif par le Sénat, issu lui-même de la nomination impériale.

« Les choix étaient arrêtés à l'avance et l'on faisait circuler des listes, avec notices à l'appui.

« A défaut de mérite on alléguait des motifs tels que ceux-ci : généalogie, ancienneté de famille. — un de ses ancêtres a servi sous Henri IV. — Il est riche. — Apte par conséquent à devenir législateur.

« D'autres : quatre oncles chevaliers de Saint-Louis. — Parents chevaliers de Malte. — *Ergo* capacité législative.

« A logé S. M. l'impératrice. — Assisté au couronnement. — Sa nomination fera plaisir à l'empereur. — *Ergo* capacité.

« Le népotisme, n'osant présenter lui-même ses candidats, les faisait recommander par quelque complaisant, à charge de revanche. »

Ces petites phrases sont souvent mélangées de mots latins, mode abréviatif que Grégoire aimait à employer. Ainsi par exemple :

« Titre de comte. *Nolui* prendre un nom de terre.

« Armoiries. *Ego* une croix.

Ces dernières notes furent probablement inspirées par le décret du 1er mars 1808, qui rétablissait les majorats, la noblesse héréditaire et les titres héraldiques, décret contre lequel Grégoire seul s'était prononcé dans le Sénat. « Mes collègues, écrit-il, furent très-fâchés contre moi : je serais cause qu'on leur ferait payer leurs lettres de noblesse ; et moi aussi, je serais forcé de payer les miennes. »

Grégoire fut, en effet, nommé comte de l'empire ; mais il ne prit pas ce titre, non plus qu'il ne prenait celui de *monseigneur*, à moins que l'on n'affectât de le lui refuser, comme pour établir une différence entre sa position et celle des autres évêques ; alors il devenait intraitable. Voici deux exemples de cette légitime susceptibilité :

Le secrétaire des brefs, M. Devoti, écrit au *sénateur* et non à l'*évêque*, pour lui demander une entrevue ; Grégoire lui répond que le *sénateur* sera absent et qu'il ne trouvera que l'*évêque*.

Une autre fois le cardinal Caprara adresse une invitation à dîner au *sénateur* Grégoire, et s'attire cette réplique : « Je crois ne devoir paraître que sous le titre d'*évêque* chez le légat de Sa Sainteté. »

Encore un trait de caractère : Napoléon voulait que les sénateurs fissent endosser la livrée à leurs domestiques. Madame Dubois, pour conformer la maison de Grégoire à cette règle, et en même temps pour ne pas trop blesser la simplicité du bon évêque, commanda un galon d'argent très-étroit, orné d'une pensée brodée en bleu. Quand le galon fut fait, elle le lui porta dans son cabinet en disant : « Monsieur l'évêque, voici votre livrée. » — « Ma livrée !

vous savez bien que je n'en veux pas. » — « Mais l'empereur l'exige; vous ne voudrez pas, pour si peu de chose, augmenter sa mauvaise humeur. » — « C'est bien, dit Grégoire, montrez-moi cette livrée. »

Il la considéra quelques moments; puis, sans ajouter un mot, il ouvrit une armoire et jeta le galon tout au fond, derrière ses livres. Ce ne fut que quand madame Dubois promit d'en faire usage pour border les meubles du salon qu'il consentit à la lui rendre.

Le souvenir des faiblesses dont il avait été le témoin pendant tant d'années s'est fait jour plus tard dans une boutade de son *Histoire des Sectes*. Il se plaît à constituer, sous le nom d'idolâtrie politique ou *Basileolâtrie*, une secte répandue à travers toutes les autres. La forme de son culte, c'est l'adulation : adulation des fonctionnaires publics, des savants, gens de lettres, artistes, envers les puissants ; adulation des papes et de la cour de Rome à l'égard des souverains. Tous ces genres d'idolâtrie sont passés en revue ; et, comme on le pense bien, dans l'histoire des pratiques de ce culte, les chapitres consacrés à l'empire ne sont ni les moins étendus ni les moins curieux.

Les basiléolâtres de Napoléon donnèrent toute l'extension que peut suggérer une imagination complaisante à ce grand précepte : *Priez pour tous ceux qui sont élevés en dignité.*

On entendit le clergé dire que Napoléon avait été *annoncé par les prophètes,* que *le sépulcre de la sainte Vierge avait enfanté pour la France le héros destiné à la régénérer ;* on l'entendit appliquer à Bonaparte ces paroles du psalmiste: *Il touche les montagnes et les montagnes se réduisent en fumée;* exprimer le vœu : *que la dynastie napoléonienne fût immuable comme le soleil ;* et proclamer *que la France devait obéir à Napoléon comme à Dieu même;* on vit le supérieur de Saint-Sulpice exhumer des Bollandistes un Saint-Napoléon, qui dut toute sa gloire au hasard de ce nouveau patronage, et qui, après avoir pendant des années absorbé la fête de la mère de Dieu, est retombé tout à coup dans le néant, vaincu à Leipzig et à Waterloo.

Il faut reconnaître que le clergé français trouvait des émules à l'étranger : l'archevêque de Lisbonne, dans un mandement de 1807, réclamant la soumission du peuple portugais envers Napoléon, qualifie celui-ci en ces termes : « l'homme des prodiges, que les siècles passés n'avaient pu deviner. »

On entendit un préfet déclarer que le tout-puissant avait eu besoin de se reposer après avoir créé Napoléon ; un sénateur recommander au bon Dieu de conserver le trône de Napoléon s'il voulait garder le sien ; un autre membre de la même assemblée dire à madame Lœtitia que la conception du grand Napoléon, dans son sein, était assurément divine ; un orateur du Conseil d'État nommer Napoléon : *ce que l'univers a de plus grand, ce que la France a de plus cher.*

Nous ne continuerons pas ces citations : à quelques années de là nous retrouverions les mêmes hommes fidèles au commandement donné par saint Rémi à Clovis : *brûlez ce que vous avez adoré.*

« C'est un terrible répertoire que le *Moniteur*, s'écrie Grégoire après cette énumération.

Quant à l'évêque de Blois, nous le voyons au

Sénat tel que nous l'avons connu dans les précédentes assemblées politiques.

Bien convaincu de la stérilité de ses efforts d'opposition, Grégoire se livra plus activement que jamais à des travaux littéraires ; c'était le moyen de contribuer encore à la propagation des doctrines de liberté et de philantropie. Mais cette route aussi ne fut pas sans obstacles : plusieurs de ses ouvrages furent mis à l'index par la police impériale ; son *Histoire des sectes religieuses*, imprimée en 1810, eut même les honneurs d'un séquestre qui dura jusqu'en 1814.

En 1807, Grégoire avait publié sous ce titre : *de la littérature des nègres*, un ouvrage dans lequel il s'était efforcé d'établir par des faits que la prétendue infériorité de cette race, argument habituel des partisans de l'esclavage, est fondée sur un préjugé, et que l'éducation seule manque aux noirs pour rivaliser avec les européens dans toutes les branches des sciences et des arts.

La pensée d'une organisation de la république des lettres, qui sans nuire à l'indépendance individuelle des savants, des littérateurs et des artistes, mettrait un terme à l'état d'isolement où ils vivent à l'égard les uns des autres, est peut-être celle à laquelle Grégoire est revenu le plus souvent.

Tantôt il fonde une *association générale pour accélérer le progrès des bonnes mœurs et des lumières* ; tantôt une *société de fonds littéraire*, ayant pour objet de venir en aide au talent malheureux.

Il provoqua des réunions périodiques analogues aux congrès internationaux qui ont pris plus tard tant d'importance. Une diète œcuménique de la république des lettres devait se tenir à Francfort, comme point presque central de l'Europe intellectuelle.

Il ouvrit sa maison à des conférences hebdomadaires, qui ont duré jusque dans les dernières années de sa vie.

Il établit avec le monde entier une vaste correspondance, qui n'a cessé également qu'avec lui.

Il entreprit, toujours dans le même intérêt, plusieurs voyages en Angleterre, en Hollande et en Allemagne.

Et comme ses préoccupations religieuses ne le quittent nulle part, il se vante d'avoir promené son habit violet dans le parc de Saint-James, chose inouïe à Londres depuis l'expulsion des Stuarts.

Lorsqu'il revint de ses voyages, Napoléon était au faîte de sa domination. Toutefois, quelques symptômes de lassitude et d'aigreur, chez la nation française, ne pouvaient échapper à un œil attentif. La minorité opposante du Sénat grandit ; elle forma des réunions où l'on s'entretenait des affaires publiques ; et l'on songeait au moyen de briser le joug impérial. Grégoire et quelques-uns de ses amis rédigèrent même, chacun de son côté, des actes de déchéance motivés ; et il avait été, dit-on, résolu que, l'occasion se présentant, celle des rédactions qui serait approuvée recevrait publicité. Nous avons trouvé la minute de Grégoire dans ses papiers.

A mesure que la puissance du despote s'affaiblissait sous les coups de la coalition européenne, l'opposition du Sénat se recrutait de quelques membres, qui n'appartenaient pas tous à l'opinion républicaine. Au mois de mars 1814, elle se composait d'une vingtaine de personnes. Il y eut alors plusieurs conférences chez Lambrechts, et une dernière le 30 mars, au moment même où l'on se battait sous les murs de Paris. Ce fut dans cette réunion que le général Beurnonville ayant laissé échapper ces mots: « comment le Sénat pourra-t-il exister sans tête? » Grégoire lui répliqua avec sa vivacité ordinaire: « voilà bien quatorze ans qu'il existe sans cœur ! »

La déchéance fut en effet prononcée ; mais quand l'empereur abattu avait cessé d'être redoutable et quand les soldats étrangers lui tenaient le pied sur la gorge. L'opposition se grossit alors d'une masse de courtisans, faisant assaut d'ingratitude envers leur ancien maître pour mériter les faveurs du maître à venir, quel qu'il fût.

Louis XVIII avait eu d'exacts renseignements sur leur compte lorsqu'il écrivait du lieu de son exil, dès le 1ᵉʳ janvier 1814, cette déclaration que le cabinet britannique faisait jeter par ses croiseurs sur les côtes de France:

« Le Sénat, où siègent des hommes que leurs talents distinguent à juste titre, et que tant de services peuvent illustrer aux yeux de la France et de la postérité ; ce corps, dont l'utilité et l'importance ne seront bien reconnues qu'après la restauration, peut-il manquer d'apercevoir sa destinée glorieuse, qui l'appelle à être le premier instrument du grand bienfait qui deviendra la plus solide comme la plus honorable garantie de son existence et de ses prérogatives ? »

Quant à Grégoire et ses amis, en votant les premiers pour la déchéance, ils ne firent que se montrer persévérants.

Le Sénat de Napoléon fut transformé en chambre des Pairs de Louis XVIII, et une moitié de son personnel fut jugée propre à continuer sous la royauté, l'office de complaisance dont elle s'était si bien acquittée sous l'Empire. C'est dire que Grégoire et Lambrechts en furent exclus. Napoléon ne les rapprocha pas davantage de son gouvernement pendant les cent jours. Grégoire, poursuivant son rôle d'opposition, s'inscrivit, sur les registres de l'Institut, contre l'*acte additionnel*, et motiva énergiquement son refus de le signer.

Délaissé par l'Empire, il fut persécuté par la seconde Restauration. A défaut de prétexte pour le comprendre dans quelqu'une de ses catégories de proscrits, soit comme régicide, soit comme partisan de l'usurpateur, elle voulut du moins lui enlever le seul titre qu'il possédât encore, celui de membre de l'Institut : l'ordonnance Vaublanc fit un choix parmi les hommes qui avaient su réunir la fermeté du caractère au talent ou à la science : Monge, Guyton de Morveaux, Carnot, Grégoire et quelques autres furent l'objet de cette honorable exclusion.

VIII

ÉLECTION DE GRÉGOIRE A LA CHAMBRE DES DÉPUTÉS

Éloigné de la carrière publique, Grégoire se renferma dans une laborieuse retraite à Auteuil. Il y vivait depuis plusieurs années, quand un département qui s'était toujours distingué par son attachement aux idées libérales, celui de l'Isère, jeta les yeux sur lui pour se faire représenter à la Chambre des députés. Le nom de Grégoire sortit de l'urne, triomphant, le 3 septembre 1819.

Cette élection devint le signal d'un déchaînement inouï des passions contre-révolutionnaires. A peine fut-elle connue à Paris que la presse royaliste déclara le trône et l'autel en péril, et la terreur prête à renaître. Ainsi le nom seul d'un vieillard septuagénaire, prononcé par un collége électoral, suffit pour mettre la France en émoi et faire trembler le pouvoir dans la main des Bourbons, tant ce nom réveillait à la fois d'illustres souvenirs et de haines invétérées.

Ce grand bruit effraya la portion timide du libéralisme : elle commença à craindre que la présence d'un républicain avoué dans ses rangs ne compromît son plan d'opposition parlementaire. Les ultras, profitant de cette faiblesse, annoncèrent l'intention de repousser le nouvel élu, sur le motif de sa conduite révolutionnaire, qui le rendait indigne de siéger dans une assemblée royaliste.

Les politiciens méticuleux firent des démarches auprès de Grégoire pour qu'il les tirât d'embarras par une démission spontanée. Nous donnerons une idée du tempérament de ces hommes en citant les paroles de l'un d'entre eux, personnage fort honorable, connu par ses sentiments religieux (qui n'étaient pas d'ailleurs ceux de l'évêque de Blois) : « Si je devais paraître aujourd'hui devant Dieu, j'aimerais mieux me présenter avec la conscience de M. Grégoire qu'avec la mienne ; mais, sous le gouvernement des Bourbons, nous ne pouvons pas nous associer à lui. »

Sa vieille fermeté brava tous les orages, repoussa toutes les insinuations.

Les libéraux de l'Assemblée imaginèrent alors un autre expédient : ils jugèrent singulièrement habile d'annuler l'élection de Grégoire, en lui faisant une application forcée de la règle qui obligeait de choisir la moitié au moins des députés parmi les éligibiles domiciliés dans le département.

Le rapport fut fait dans ce sens; mais à peine la lecture fut achevée, le côté droit se leva en poussant des vociférations, et demanda que l'exclusion fût fondée sur l'indignité et non point sur un vice de forme.

Des propositions se croisent dans les deux centres; le tumulte devient effroyable ; le président se couvre et suspend la séance. Puis, profitant d'une minute de calme, il lance ces mots avec rapidité : « Que ceux qui sont d'avis de ne pas admettre M. Grégoire, n'importe pour quelle raison... »

A l'instant le centre et le côté droit sont debout au cri de *vive le roi?* et la gauche, qui prétend toujours poser la question de légalité, n'a pas eu le temps de prendre part au vote que déjà le jugement est rendu.

L'exclusion de Grégoire et l'expulsion de Manuel sont des faits de la plus haute gravité dans l'histoire de la Restauration. On vit alors se dessiner, en présence l'un de l'autre, les deux partis dont se composait l'opposition libérale ; l'un acceptant la charte octroyée et se donnant pour mandat une résistance purement parlementaire, destinée à servir de contrepoids au pouvoir ; l'autre, imbu des principes de la Révolution, décidé à les maintenir, et à ne pardonner aux Bourbons les souvenirs de 1814 et de 1815, qu'en faveur d'un ralliement sans réserve à ces principes. Le premier, en obtenant la soumission de Grégoire et de Manuel, espérait éviter une collision décisive entre la dynastie et l'opinion publique ; l'autre se croyait parvenu à l'un de ces moments où la politique veut que, par une attitude pleine d'énergie, on contraigne son adversaire à céder ou à prendre le parti de la violence, toujours funeste pour qui en donne le signal. C'est ce qui arriva. Quinze jours après cette atteinte à l'intégrité de la Chambre, la loi électorale était remplacée par un nouveau projet du gouvernement, et une série de lois contre la liberté de la presse et contre la liberté individuelle commença la lutte qui s'est terminée en 1830. La courageuse résistance des deux grands citoyens donna les plus rudes secousses au trône des Bourbons.

Nous avons dit que la Restauration, en éliminant de l'Institut l'ancien évêque de Blois, l'avait privé du seul titre qui lui restât. C'était faire un oubli, que lui-même avait fait sans doute, car il n'attachait qu'une médiocre importance à sa dignité de *commandeur* dans l'ordre de la Légion-d'Honneur. Cependant, une lettre du grand chancelier ayant rappelé qu'en vertu de l'ordonnance du 26 mars 1816, les membres de l'ordre devaient se pourvoir de nouveaux brevets, il se hâta de lui adresser sa démission motivée.

« Repoussé du siége législatif, repoussé de l'Institut, à ces deux exclusions on permettra sans doute que j'en ajoute moi-même une troisième, et que je me renferme dans le cercle des qualités qui ne peuvent être ni conférées par *brevet*, ni enlevées par *ordonnance* ; qualités seules admises devant deux tribunaux qui reviseront beaucoup de jugements contemporains ; le tribunal de l'histoire et celui du Juge éternel. »

« Toujours foudroyé et toujours serein. » C'est ainsi qu'Edgard Quinet peint Grégoire.

« Tête de fer ! » dit Michelet.

Et lui-même : « Je suis comme le granit : on peut me briser, mais on ne me plie pas. »

Durant les années qui s'écoulèrent jusqu'à la révolution de Juillet 1830, Grégoire vécut dans un cercle d'amis, tristement restreint par l'ingratitude et la pusillanimité. Chaque soir, quelques-uns d'entre eux venaient goûter les charmes de sa conversation pleine de feu, d'enjoûment, servie par une mémoire prodigieuse et par une érudition intarissable, dont il prenait plaisir à dépenser les richesses ; c'était un vo-

cabulaire vivant qui se laissait feuilleter avec
complaisance. Il s'informait des occupations de
chacun, donnait à chacun des conseils, et jamais,
dans ses immenses lectures, il ne tombait sur
un document peu connu sans le transmettre
aussitôt à ceux qu'il pouvait intéresser. Il n'est
aucune des personnes admises dans son inti-
mité qui n'ait reçu de sa part des services de ce
genre. Il aimait surtout à encourager, au début
de leur carrière, les jeunes gens, que sa bien-
veillance ne tardait pas à lui attacher comme
des fils. Partaient-ils pour quelque voyage,
Grégoire rédigeait, selon la spécialité de chacun, des séries d'observations à recueillir, de re-
cherches à faire, qui servaient de guides, à
ces missionnaires de la science, en même
temps que les réponses, qu'ils ne manquaient
pas de lui adresser, venaient accroître ses
précieux matériaux de travail. Grâce à sa renommée européenne, la maison du bon évêque
continuait d'ailleurs d'être le rendez-vous des
étrangers qu'attirait à Paris le désir d'étendre
leur savoir en quelque branche que ce fût ; car
aucune connaissance ne lui était indifférente :

littérature, histoire, théologie, sciences physiques et même industrielles ; il avait l'heureuse faculté de s'intéresser à tout, parce qu'avant tout ami de l'humanité, il était sans cesse préoccupé par le besoin d'agrandir le domaine de l'intelligence générale.

Personne, à coup sûr, n'a contribué autant que Grégoire à propager les idées nées de la révolution française, à leur faire faire, comme on l'a dit, le tour du monde. Sa correspondance embrassait l'univers entier : nous y trouvons des lettres des contrées les plus reculées, de plusieurs qui sans doute n'ont jamais eu avec la France d'autres relations.

C'est par là qu'il essayait de reprendre son projet, toujours caressé, d'une république universelle des lettres. Il publia en 1824 une brochure *sur la solidarité littéraire entre les savants de tous les pays*, contenant le plan d'un *asile* où seraient recueillies les nombreuses victimes que font parmi eux l'oubli ou la persécution. La dédicace de cette brochure à M. Legendre, membre de l'Institut, qu'un ministre brutal venait de priver de la pension méritée par ses longs travaux, était un à-propos plein de délicatesse.

Ce n'est pas tout : Grégoire consacrait une portion notable de son revenu à faire de tous côtés l'envoi des livres qui lui paraissaient les plus utiles pour accélérer les progrès de la science et des arts. Sa demeure était en quelque sorte un entrepôt de librairie philanthropique : on n'y voyait que ballots de volumes destinés à répandre les lumières de la civilisation dans toutes les parties du monde.

Les balles de Juillet, qui vinrent frapper jusque dans son cabinet d'étude à Passy, interrompirent les paisibles occupations de Grégoire.

Une heure de sainte jouissance fut réservée au vieillard qui avait survécu à tant d'orages : il put embrasser, après quinze ans d'exil, quelques-uns de ses anciens collègues. Mais combien d'autres, que son regard cherchait vainement, manquaient à la fête de famille !

Lui-même ne devait pas jouir longtemps de cette dernière rencontre.

L'énergie de son âme avait jusque-là triomphé d'un mal qui devint incurable. Mais Grégoire n'était point de ceux que les approches de la mort peuvent surprendre ou troubler. Depuis bien des années il avait écrit son testament et rédigé des instructions pour les amis qui assisteraient à ses moments suprêmes.

Lorsqu'il fut convaincu de la gravité de son état, il témoigna le désir que les sacrements lui fussent administrés par le curé de sa paroisse. Celui-ci vint, accompagné d'un jeune vicaire, qui, au lieu de prodiguer de pieuses consolations au mourant, s'empressa d'entamer avec lui une discussion théologique. Il lui déclara que l'unique moyen de se réconcilier avec l'Eglise, et d'obtenir les sacrements, était de faire une rétractation du serment constitutionnel ; à quoi le vieux gallican répondit avec quelque vivacité : « Jeune homme, ce n'est pas sans un mûr examen que j'ai prêté le serment que vous me demandez de renier ; ce n'est pas non plus sans de sérieuses méditations aux pieds de la croix que j'ai accepté l'épiscopat, alors qu'il ne pouvait être un sujet d'ambition ; et toutes ces choses, je les ai faites avant que vous ne fussiez au monde. »

Grégoire avait d'ailleurs conservé si bien tout

le calme et toute la lucidité de son esprit, que pendant cette discussion, et dans les scènes qui suivirent, il argumenta, malgré sa faiblesse croissante, avec sa verve et sa fécondité ordinaire, et plusieurs fois il envoya chercher des livres de sa bibliothèque pour appuyer sa pensée par l'autorité des citations.

Le lendemain de l'entrevue dont nous venons de parler, l'archevêque de Paris, scrupuleusement informé de circonstances qui l'intéressaient vivement, écrivit à Grégoire, une lettre, sans suscription, pour éviter de donner un titre quelconque à l'ancien prélat constitutionnel; et celui-ci sur-le-champ dicta de son lit une réponse de huit pages.

Cet échange de notes entre le palais archiépiscopal et la maison de Grégoire se prolongea plus de quinze jours, et jusqu'à l'heure de l'agonie.

Un ami de Grégoire, qui le veillait, frappé de la grandeur de ce spectacle, et n'osant se fier à sa mémoire, écrivait dans la chambre même du moribond le récit de ses derniers moments; celui-ci s'en aperçut et en exigea la lecture, qu'il écouta avec un calme parfait.

Enfin un ecclésiastique séparé de Grégoire par ses opinions religieuses et politiques, l'abbé Guillon, consentit à l'administrer ; mais, pour cet acte de charité chrétienne, il s'entendit reprocher « une violation des principes les plus sacrés de la foi catholique, » et il eut la faiblesse de s'en repentir.

Grégoire mourut le 28 mai 1831. Ses funérailles eurent lieu le surlendemain. Au sortir de l'Eglise, des jeunes gens dételèrent les chevaux du char funèbre et le traînèrent à bras jusqu'au cimetière du Mont-Parnasse. Le cortége, d'au moins vingt mille citoyens, était composé principalement d'ouvriers et du personnel des écoles ; au milieu de la foule se distinguaient les décorés de Juillet, les députés de l'opposition, et plusieurs des anciens collègues de Grégoire aux assemblées républicaines, que la nouvelle révolution venait de ramener dans leur patrie. Les grands souvenirs que rappelaient leur présence et la triste impression du jour semblaient absorber les esprits.

L'émotion fut surtout à son comble lorsque, du sein de cette foule, on vit sortir et s'avancer

Les funérailles de Grégoire

au bord de la tombe entr'ouverte, un des plus illustres parmi ceux des membres de l'Assemblée Conventionnelle qui avaient survécu à tant de proscriptions ; c'était Thibaudeau. Sa voix retentit dans un silence solennel.

« Grégoire ! s'écria-t-il, mon collègue, mon honorable complice ! je ne te fatiguerai pas du récit de tes bonnes actions, de tes généreux sentiments, de tes vertus ! Tu as vécu inébranlable dans ta noble vocation, fidèle à la révolution, à tes anciens amis, à la patrie.

« Ainsi la faux du temps moissonne chaque jour les rares débris de la Convention nationale ; mais leur mémoire ne périra pas : elle vivra dans le souvenir et le respect des hommes généreux, cette assemblée qui rompit avec la royauté et les rois, qui, après les avoir vaincus, les força de traiter avec la république, qui maintint l'indépendance du pays et élargit ses frontières, qui extirpa la féodalité, planta les institutions libérales dans les entrailles de la France, qui exerça avec le plus pur désintéressement les plus grands pouvoirs et les abdiqua volontairement. Elle vivra malgré l'ingratitude des illustres renégats qui, sans elle, ramperaient humblement dans la condition subalterne où les refoulait la vieille aristocratie, dont ils veulent prendre la place. Combien n'a-t-elle pas grandi par la haine persévérante de ses ennemis et le privilége de leurs persécutions ! Combien ne grandit-elle pas chaque jour auprès de la petitesse de ses détracteurs ! »

En même temps que la famille nationale, une autre famille lointaine, dont Grégoire pouvait se dire le père, témoigna sa douleur de cette perte : le président de la république haïtienne ordonna des prières solennelles, et la mort de Grégoire fut annoncée par des décharges de canon, tous les quarts d'heure pendant une journée. Le clergé noir célébra l'office divin à la même heure dans toute l'étendue du pays avec la plus grande pompe. Plusieurs curés prononcèrent des oraisons funèbres et vengèrent l'évêque de Blois des outrages que sa cendre éprouvait sur la terre natale.

Lorsqu'on ouvrit les testaments de Grégoire, la persévérance de ses principes et la bonté de son âme s'y révélèrent de nouveau. Chacune des pensées qui l'avaient occupé vient s'y reproduire comme dans un miroir, et il s'efforce d'assurer après lui la prorogation de chacune d'elles par des concours publics.

C'est un phénomène étrange, dans notre temps si fertile en métamorphoses, que l'existence d'un homme qui traverse quarante ans de luttes religieuses et politiques sans changer une virgule au programme de sa carrière. Grégoire ne fut pas, à coup sûr, ce qu'on nomme une intelligence progressive ; car les opinions qu'il avait apportées aux États-Généraux de 1789 sont identiquement celles qui l'ont accompagné jusqu'à la tombe. Mais ces opinions étaient si avancées, elles reposaient sur un sentiment social si profond et si vrai, que la révolution de 1830 fut un éclair de cette belle flamme qui avait animé la France pendant son époque héroïque.

IX

PHYSIONOMIE MORALE DE GRÉGOIRE

La physionomie morale de Grégoire se distingue entre toutes dans les fastes de notre révolution : elle est originale autant que noble et pure. On ne peut s'empêcher d'admirer ce prêtre chrétien qui ose confesser sa foi au milieu d'un peuple insurgé contre le pouvoir religieux aussi bien que contre le pouvoir politique du passé. Et pourtant ce peuple, respectant en lui des convictions sincères, n'a point cessé de prononcer son nom comme le nom d'un ami.

Le peuple a raison, car Grégoire l'aimait passionnément. Il voyait dans la révolution française l'application des doctrines évangéliques.

« L'évangile, sainement expliqué, dit-il, serait le plus républicain des livres. » Telle était sa foi ; et il s'y donnait avec toute la ferveur d'un apôtre. Il voulait donc *christianiser la révolution*, selon le reproche que lui fit Bourdon de l'Oise.

Mais, au fond, sa pensée n'était-elle pas celle des plus déterminés révolutionnaires ? Robespierre dit, en parlant du christianisme : « cette religion nous présente une morale analogue à nos principes politiques; » — et Baudot, un ami de Danton, s'exprimait ainsi, bien des années après les événements : « nous voulions appliquer à la politique l'égalité que l'évangile accorde aux chrétiens. » Les Girondins seuls semblent échapper à cette observation ; ils seraient plutôt grecs et païens.

La charité chrétienne de Grégoire était, s'il est permis d'employer ce mot, exagérée : on eût dit qu'il y avait chez lui prédilection pour ses adversaires, tant il entourait de soins paternels ceux qu'il croyait égarés. Israëlites, protestants, anabaptistes, il semblait les chérir à cause de leurs erreurs, comme les philantrophes aiment de préférence ceux qu'ils supposent les plus malheureux. Tous les *parias* de la société trouvèrent en lui un défenseur.

Quant à sa tolérance, en voici l'expression : « Ma profession de foi de catholicité n'est pas problématique, dit-il, et c'est en partant de ses principes mêmes que j'admets la tolérance civile dans toute son étendue. Assurément, je crois le juif, le protestant, le théophilantrophe sur la route de l'erreur ; mais, comme membres de la société civile, ils ont autant de droits que moi à bâtir un temple, à le fréquenter publiquement ; toute la législation politique à l'égard des diverses sociétés religieuses doit être renfermée dans ces mots : empêcher qu'on ne les trouble et qu'elles ne troublent. »

Grégoire attribue ici sa tolérance à son catholicisme ; et pourtant cet esprit si élevé ne put jamais se dégager de certaines rancunes sacerdotales. Témoin ses fréquentes invectives contre Voltaire et contre Rousseau, témoin des appréciations injustes à l'égard de la Convention, à laquelle il ne pardonnait pas d'avoir blessé ses croyances religieuses.

Nous ne pouvons pas nous empêcher de faire une remarque : on est souvent étonné des vivacités de langage auxquelles s'abandonnent beaucoup de prêtres catholiques, même les mieux élevés et les plus lettrés. Il semble que, se proclamant seuls possesseurs de la vérité, ils ne puissent supporter sans colère ni l'examen, ni la contradiction. La plume de l'ancien évêque de Blois ne se refuse pas non plus la crudité des épithètes ; serait-ce une habitude rapportée de sa première éducation cléricale ?

Grégoire, d'ailleurs, paraît avoir été sans cesse en garde contre ces emportements involontaires ; car les maximes : *oubli des injures, charité envers nos ennemis*, tracées de sa main sur ses agendas les plus intimes, y sont comme des avertissements continuels à l'adresse de son propre cœur. C'est à force de raison et de résolution qu'il devient tolérant, tolérant parfois jusqu'à l'enthousiasme : dans les belles pages qui terminent *les ruines de Port-Royal*, nous voyons le prélat janséniste prier pour les jésuites, sur les débris de cet asile d'où ils avaient chassé ses patriarches.

Grégoire est un type achevé de ces esprits religieux, qui veulent demeurer catholiques, tout en repoussant les abus de la domination ultramontaine ; plus ils prennent la mesure de ces abus, plus ils s'éloignent de Rome.

Bossuet se contentait de dire : « une bonne institution avec peu de lumières : c'est un grand mal dans de si hautes places. »

Grégoire s'exprime plus résolûment : « La cour de Rome, dit-il, est l'antipode de la religion. Il semble que Dieu ait voulu fournir aux fidèles un moyen nouveau de signaler leur foi en restant attachés au Siége, centre de la vérité catholique, qu'il faut discerner d'une cour dont on peut dire qu'elle est le premier scandale de la religion. »

Comment ceux qui jugent ainsi le gouvernement romain ont-ils pu caresser si longtemps le rêve d'un Pape constitutionnel ?

Et cependant le sentiment qui inspirait ces hommes répond à celui de beaucoup de français.

Le français, dans sa grande généralité, est déiste et spiritualiste ; il l'est par ses traditions nationales, et celles-ci sont greffées sur ses traditions de race.

Que nous disent-elles, en effet, ces traditions ?

Les Gaulois n'étaient pas idolâtres : ils adoraient un Dieu invisible, et le sentiment de la personnalité humaine a toujours dominé parmi eux. La vieille terre celtique est couverte de monuments funéraires et le culte des morts s'est perpétué chez ses habitants. Aussi le christianisme s'y est-il implanté plus aisément que dans beaucoup d'autres contrées. Là, comme partout, d'ailleurs, les fondateurs de cette religion ont eu la grande habileté de conserver les cérémonies anciennes, en leur donnant une interprétation nouvelle, et de faire coïncider leurs fêtes avec celles des cultes précédents, afin de troubler le moins possible les habitudes des nations qu'ils voulaient convertir.

Cependant, lorsqu'à ses dogmes religieux le catholicisme est venu joindre, en la superposant, son institution politique, celle-ci a rencontré en

France des résistances et des réserves, non pas seulement chez les rois, par jalousie de pouvoir, et chez les grands corps de l'État, non pas seulement parmi les penseurs ; mais aussi dans les dispositions générales du peuple : la théocratie cosmopolite de Rome n'a jamais été adoptée par l'esprit français. Notre histoire est pleiné des luttes plus ou moins ouvertes que les prétentions du Saint-Siège ont suscitées.

Le gallicanisme a été l'une des formes de cette résistance : c'est une opposition légale, fondée sur les mœurs du pays et répondant à ses instincts d'indépendance.

Il a donc un caractère essentiellement politique : monarchiste, au nom du droit divin, avec Bossuet ; républicain avec Grégoire, au nom de la souveraineté du peuple : toujours national.

Il importe, à ce point de vue, de ne pas le confondre avec le jansénisme, quoiqu'il ait été souvent son allié. Le jansénisme, doctrine théologique que l'on a pu qualifier de fatalisme déguisé et de calvinisme catholique, n'a pas hésité à faire appel aux miracles les plus extravagants pour attester sa mission, tandis que le gallicanisme n'a cherché ses preuves que dans la libre discussion.

Comme tout est soumis aux fluctuations de la mode, on peut dire que le gallicanisme a fait son temps. Malgré cela, rien n'est plus commun en France que la pensée à laquelle le gallicanisme veut satisfaire.

Les français, je le répète, sont généralement déistes et spiritualistes ; et la majorité d'entre eux est engagée dans le culte catholique par de longues habitudes, sans y attacher d'autres idées que celles d'un Dieu unique et de l'immortalité. Ils suivent les rites de la religion professée par leurs pères ; mais ils repoussent toute ingérance du prêtre dans leur vie privée comme dans leur vie publique ; ils ne veulent pas surtout que le prêtre reçoive son mot d'ordre de l'étranger. C'est l'état des esprits dans presque toute la France ; je ne crois pas qu'aucun observateur impartial puisse le contester.

Les gallicans, répudiés par l'autorité papale, parce qu'ils prétendent lui tracer des limites, persistent cependant à regarder le siége de

Rome comme le centre de l'unité catholique ; et cela suffit pour élever une barrière entre eux et la plupart des citoyens qui ne veulent d'aucune domination étrangère.

Cette situation a quelque analogie avec celle où se sont trouvés politiquement les monarchistes constitutionnels, placés entre les ultras royalistes et les républicains.

Qu'est-il advenu dans le domaine politique ? La monarchie constitutionnelle a servi de transition, honorable, nécessaire peut-être, pour passer du pouvoir absolu aux institutions républicaines. Qui sait si les gallicans, éclairés un jour sur l'impuissance de leur attitude intermédiaire, attitude politique aussi, ne feront pas un effort nouveau d'émancipation, pour devenir un clergé vraiment français, républicainement constitué, et répondant aux besoins moraux de l'immense majorité ?

Spectateurs très-désintéressés de ce mouvement, nous ne pouvons nous empêcher de l'observer avec sympathie. Les questions religieuses ont de tout temps agité le monde: le dédain ou l'indifférence à leur égard accuserait une grande légèreté chez des hommes politiques.

Si l'attachement de Grégoire à l'ancien gallicanisme eût été moins opiniâtre et moins étroit, avec son dévouement aux doctrines républicaines, il aurait pu présider à cette transformation, dont nous entrevoyons la possibilité, et qui serait une dernière étape sur la route de la liberté. Mais on n'est pas à la fois jeune et vieux, l'homme du passé et l'homme de l'avenir.

Puis après ces progrès un progrès nouveau : Quand les esprits seront pénétrés de cette vérité, que les différentes pratiques religieuses sont des expressions variées d'un même sentiment : admiration de l'univers, amour reconnaissant pour celui qui l'a créé, une seule maison de Dieu suffira dans la commune, et chaque groupe de croyants y viendra célébrer son culte selon ses traditions : voilà la liberté.

Ceci me rappelle une jolie fable allemande ; je la crois de Pfaffel :

Le roi des oiseaux, subissant l'influence d'un perroquet élevé chez des moines, veut soumettre tous ses sujets à une liturgie uniforme.

Il les enferme dans une grande volière, où, sous la direction de ce perroquet, institué chef d'orchestre, le peuple ailé, modelant son cri sur celui du maître, entonne un hymne de commande. A l'insupportable charivari qui déchire ses oreilles, le monarque s'enfuit, laissant la volière ouverte. Les oiseaux, en liberté, s'élancent aussitôt dans les airs, chacun reprend son accent naturel et chante son émotion sur un mode particulier ; et du mélange de toutes ces voix, discordantes en apparence, s'élève vers le ciel le concert le plus harmonieux.

X

RÉSUMÉ DE LA VIE PUBLIQUE DE GRÉGOIRE

Le nom de Grégoire mérite également de figurer parmi les patriarches de l'église gallicane et parmi les patriarches de nos libertés publiques.

Jetons un dernier coup d'œil sur sa vie ; voici le résumé qu'elle nous présente :

Dès avant la révolution, curé catholique, il demande pour les israélites l'exercice de tous les droits de citoyen ; et il l'obtient plus tard de l'assemblée constituante ; il réclame et fait décréter l'admission des hommes de couleur aux mêmes droits et l'abolition de la traite des noirs ; il propose la suppression de la peine de mort et l'établissement d'un droit public international ;

Il contribue à la réunion des trois ordres dans les États-Généraux ; il donne à ses collègues du clergé l'exemple du serment civique ; il demande l'abolition du sens d'éligibilité ; il devient l'un des fondateurs du gouvernement républicain ; — il s'oppose à l'érection du trône impérial, au rétablissement de la noblesse et des majorats ; il combat la création des tribunaux extraordinaires et les conscriptions de l'empire, le concordat des Bourbons avec la cour de Rome, et la liste civile de Louis-Philippe ;

Il protége les savants et les artistes, et leur fait distribuer des encouragements ; il fonde une société de secours mutuels entre eux ; il s'efforce d'organiser une association générale des hommes de lettres et de science dans l'intérêt de la civilisation ; — l'un des créateurs de l'Institut national, du Conservatoire des arts et métiers, du Bureau des longitudes et de l'Observatoire ; —

il conserve à la France ses bibliothèques, ses collections, ses monuments ; il participe activement à l'organisation de l'instruction publique ; il travaille sans relâche au progrès de l'industrie et de l'agriculture ;

Il demande que le nom de Dieu soit inscrit en tête de la Déclaration des droits de l'homme ; il refuse, au péril de sa vie, d'abjurer ses croyances religieuses, il concourt puissamment à l'établissement du culte catholique en France, et en même temps à faire décréter la liberté de tous les cultes.

Que de travaux accomplis, que d'exemples donnés !

Et pourtant cet homme a été peint comme un énergumène sanguinaire, comme un impie et comme un hypocrite ! il a été persécuté par ceux qui se déclaraient les ennemis de la religion et par ceux qui affectaient d'en être les défenseurs exclusifs ; délaissé par le gouvernement impérial, il fut expulsé de l'Institut par les Bourbons, et déclaré indigne de siéger dans l'assemblée des représentants du peuple ; il est mort négligé par le pouvoir révolutionnaire de

Juillet, qui n'a pas même su protéger sa cendre contre le fanatisme.

Et cet homme, si l'église chrétienne savait être fidèle à la pensée de son fondateur, si elle mettait au rang des premières vertus l'amour de l'égalité, au rang des premiers devoirs la charité envers ses semblables, au rang des premiers mérites celui de souffrir pour sa foi, cet homme serait, dans l'église chrétienne, honoré comme un saint.

FIN

TABLE DES MATIÈRES

I. — Grégoire avant la Révolution....	9
II. — Grégoire à l'assemblée constituante..	16
III. — Grégoire à l'évêché de Blois......	44
IV. — Grégoire à la Convention Nationale..	47
V. — Grégoire au conseil des Cinq-Cents..	77
VI. — Grégoire au Corps législatif, à la bibliothèque de l'Arsenal et à l'Institut...............	87
VII. — Grégoire au Sénat...........	95
VIII. — Election de Grégoire à la chambre des députés.............	111
IX. — Physionomie morale de Grégoire...	128
X. — Résumé de la vie publique de Grégoire.	139

FIN DE LA TABLE

Imprimerie Destenay, Saint-Amand (Cher.)

www.ingramcontent.com/pod-product-compliance
Lightning Source LLC
Chambersburg PA
CBHW060145100426
42744CB00007B/909